Erma Bombeck
Einmal und doch wieder

Erma Bombeck

Einmal und doch wieder

Aus dem ganz normal verrückten Ehealltag der berühmtesten Hausfrau der Welt

Aus dem Amerikanischen von
Charlotte Hochkeppel und Erna Tom

Mit Illustrationen von
Ingeborg Haun

Gustav Lübbe Verlag

Titel der amerikanischen Originalausgabe:
A Marriage Made in Heaven or Too Tired for an Affair
Originalverlag: Harper Collins Publishers, Inc.,

Aus dem Amerikanischen von
Charlotte Hochkeppel und Erna Tom

Umschlag- und Innenillustrationen: Ingeborg Haun, Ismaning
Umschlaggestaltung: Roland Winkler, Bergisch Gladbach
Satz: Bosbach & Siebel Print Media Concept, Lindlar
Druck und Einband: Clausen & Bosse, Leck

Printed in Germany
ISBN 3-7857-0685-5

Chronik einer Ehe

1971
Teenager
Die sexuelle Revolution

1974
Die Dinosaurier
Wo ist die Leidenschaft geblieben?
In guten wie in schlechten Tagen
Hallo, Mami! Hallo, Papi! Ich bin wieder da!
Des langen Haders müde

1979
Er läuft und läuft und läuft und...
Rollentausch *oder* Tanze, so schnell du kannst
Wenn die Technik nicht wär, wär das
Leben, ach, schwer!

1981
Die Trennung
Die wilden Fünfziger
»Für immer und ewig«
Metamorphose
Ich will Großmutter werden
Mit 60 fangen die Probleme erst an

1992
Die Hochzeit

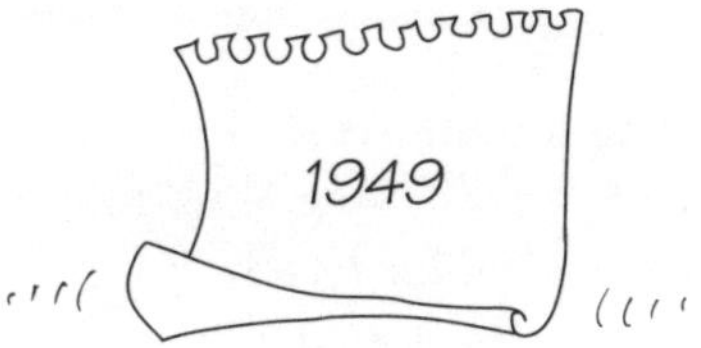

Die Hochzeit

Es wäre eine wunderbare Hochzeit gewesen – wär's nicht die meine gewesen.

Die Sonne lachte. Die Verwandtschaft unterhielt sich. Der Bräutigam erschien. Am Altar wartete ein Mann auf mich, den ich auf der Highschool kennengelernt, der im Zweiten Weltkrieg in Korea gekämpft hatte und der in Uniform fabelhaft aussah. In Uniform sah auch jeder Hinterwäldler fabelhaft aus.

Bill war ein Fremder. Ich kannte ihn erst seit sieben Jahren. Mit einem Kellner führt man manchmal ein ausführlicheres Gespräch über die »Spezialitäten des Hauses«.

Was hatten sich meine Eltern nur mit ihrem Geschwätz von »Du wirst auch nicht jünger« gedacht? Wir hatten kein Auto, keine Wohnung, keine Möbel, kein Tafelsilber. Konnte man ohne Tafelsilber überhaupt rechtmäßig heiraten? Bill hatte nicht mal einen Job. Vor einem Jahr war er vom College abgegangen. Es gab überhaupt keinen Zweifel: Meine Eltern waren dabei, einen großen Fehler zu machen.

Nichts lief, wie es sollte. Als Kind hatte ich mir immer eine Hochzeit ausgemalt, die unsere Verhältnisse weit überstieg. Und nun stand ich da in einem zu großen Brautkleid aus dem Ausverkauf, mein Cousin machte mit der Kleinbildkamera Schnappschüsse fürs Hochzeitsalbum, und meine Mutter roch nach dem Schinken, den sie schon den ganzen Morgen für den Empfang briet.

Und was sollte aus meinen Träumen werden? Ich

hatte große Pläne mit mir. Mit meinem fabelhaften Collegeabschluß hätte ich als Auslandskorrespondentin für die New York Times nach New York gehen können. Und wenn das nicht klappte, hatte ich ein ernst zu nehmendes Angebot in Ohio, für den »Dayton Herald« Nachrufe zu schreiben.

Ja, und da schritt ich nun, zwei Wochen nach meinem Abschluß, durch das Mittelschiff der Auferstehungskirche, um mein Jawort zu geben – ohne irgendeine Stelle.

Doch dann begegnete ich dem Blick meines Bräutigams, der vor dem Altar auf mich wartete, und mit einem Mal waren Armut und unerfüllte Träume unwichtig. Was war denn los mit mir? Ich liebte diesen Mann. Wir waren das vollkommene Paar. Wir hatten so vieles gemeinsam. Also, in wirklich wichtigen Dingen.

Beide kauten wir nur eine Hälfte des Kaugummis und hoben die andere auf. (Wer macht das schon!) Beide konnten wir uns über die Witze von Robert Benchley totlachen, haßten den Kommunismus, und was war doch noch das andere? Ach ja, wir gingen beide furchtbar ungern zum Zahnarzt.

Viele Paare, die wir kannten, gingen mit weit weniger Gemeinsamkeiten in die Ehe.

Als ich neben Bill niederkniete, bemerkte ich durch meinen Schleier, daß er einen weißen Farbklecks am Ohr hatte. Ein schwacher Terpentingeruch haftete an ihm. Im Sommer strich er Wohnungen, um sich etwas zu verdienen. Das mußte anders werden. Er konnte bestimmt eine gehobenere Arbeit finden. Außerdem hatte ich nicht die Absicht, mich mit jemand abzugeben, in dessen Gegenwart man kein Streichholz anzünden durfte.

Der Mann brauchte ganz entschieden einen vernünftigen Job. Ich aber hatte noch jahrelang Zeit, aus ihm den Ehemann zu machen, der in ihm steckte. Als erstes, so notierte ich mir in Gedanken, mußte er seine Haare wachsen lassen. Gott im Himmel, haßte ich diesen Bürstenschnitt! Er sah damit aus wie ein abgewetzter Teppich, der frisch gesaugt war.

Und mit seinen Eßgewohnheiten mußten wir etwas unternehmen. Ich kam aus einer Familie, die von Soße lebte. Er aß Gemüse, Gemüse war für mich Dekoration am Tellerrand. Ich konnte mir kaum vorstellen, den Rest des Lebens mit einem Mann zu verbringen, der nie kalte Klöße zum Frühstück gegessen hatte!

Sein bester Kumpel und Pokerfreund, Ed Phillips, reichte ihm den Ring. Ich lächelte, als Bill ihn mir an den Finger steckte. Ed und die ganze Gesellschaft lustiger Burschen würden bald Teil der Vergangenheit sein. Aus mit dem Singleleben der Pokerspiele bis in den frühen Morgen hinein. Von jetzt an würden es nur noch wir zwei sein, die den Sonnenaufgang betrachteten und sich dabei in die Augen schauten.

Als sich unsere Schultern berührten, kam mir die Idee, ihm jeden Tag einen Plan zu machen. All die Jahre, seit wir uns kannten, war dieser Mensch immer und zu allem zu spät gekommen. Ich gelobte einem Mann ewige Treue, der noch nie die Nationalhymne oder einen Spielanpfiff gehört hatte ... nie einen Vorhang hatte aufgehen sehen oder eine Ouverture gehört hatte. Er sah so zufrieden aus. Er konnte ja nicht wissen, daß ich ihm bald solche Tugenden beibringen würde wie einen Filzstift mit der Kappe zu verschließen, damit er nicht austrocknete, und den Telefonhörer so aufzulegen, wie es ein Linkshänder tun sollte, um einen Rechtshänder nicht rasend zu machen.

Der Priester war Pole, und ich bemühte mich, aus seinem Akzent und dem Latein der Liturgie den Sinn der Worte herauszufiltern. Dann hörte ich laut und klar seine ermahnenden Worte: »Du, Bill, sollst der Kopf der Familie, und du, Erma, ihr Herz sein.«

So dachte er sich das! Mit wem meinte er es hier zu tun zu haben, mit einem Kind, dem man ein X für ein U vormachen konnte, weil es nicht lesen konnte? Ich habe mich nicht jahrelang mit den Konjugationen der unregelmäßigen Verben abgekämpft, um vor den Bowlingtreffern meines Mannes in Ehrfurcht zu erstarren.

Vielleicht konnte ich Bill überreden, das Herz zu sein … oder wenigstens manchmal mit mir zu tauschen.

»UND HIERMIT ERKLÄRE ICH SIE FÜR MANN UND FRAU.«

Es gibt wenige Sätze, die einen so rasch auf den Boden der Tatsachen zurückbringen wie dieser. Mögliche Ausnahmen: »Wir setzen in wenigen Minuten zur Landung an« oder »Das Land befindet sich im Kriegszustand.«

Die Hochzeitsfeier fand in einem Gemeindesaal am Stadtrand statt, wo für gewöhnlich das Veteranentreffen abgehalten wurde. Die an die Wand gelehnten Klappstühle vermittelten die Gemütlichkeit eines Busbahnhofs. Ein langer Tisch, mit weißem Papier gedeckt, stand mitten im Raum, darauf der Kuchen und Berge von Schinkensandwiches.

Ein Wagen hielt am Eingang. Heraus kletterte ein Paar mit sechs Kindern. Der Mann rief: »Charlie ist hier! Wo bleibt das Bier?«

Bill sah mich an und fragte: »Deiner?«

Ich nickte. »Ein angeheirateter Onkel von mir.«

Den Rest des Tages habe ich nur noch als verschwommenes Bild in Erinnerung … Die Verwandtschaft stand einander gegenüber, aufgereiht wie kriegführende Stämme … Hunderte von Kindern, die man nie zuvor gesehen hatte, mit kuchenverschmierten Gesichtern … Brautjungfern mit diesem »Gottlob bist es du und nicht ich«-Blick … und Mutter, die sich nicht beruhigen konnte, weil der Schinken zur Neige ging.

Eine Gratulantin fragte, wo wir unsere Flitterwochen verbringen wollten. Ich erklärte ihr, ich wolle nach New York, um eine Broadway Show anzuschauen, in einem Traumhotel zu wohnen und nachts in einer Kutsche durch den Central Park zu fahren.

»Also wohin fahrt ihr?« fragte sie nachdrücklich.

»Zum Fischen an den Larvae-See in Michigan.«

»Du hast einen Romantiker geheiratet«, sagte sie lächelnd.

Was hätte ich auch von einem Mann erwarten können, dessen Heiratsantrag darin bestand, daß er meinen Verlobungsring über seine Zigarre steckte und sie anzündete?

Gegen vier Uhr morgens sah ich mich nach Bill um. Er war nirgends zu finden. Ich entdeckte ihn draußen auf dem Parkplatz mit Ed und der ganzen Gesellschaft seiner Kumpel, lachend, Bier trinkend, und er sah aus, als ob er am liebsten Karten gespielt hätte.

Es würde schwerer werden, als ich gedacht hatte.

Von der Liebe leben

Die Sache, die wir alle fürchteten und von der wir nie sprachen, hatte etwas mit Sex zu tun. In den vierziger Jahren hatten nur wenige meiner Freundinnen in dieser Hinsicht Erfahrungen. Außerdem hatten wir die Befürchtung, daß die »Erfüllung der ehelichen Pflichten«, etwas, was die katholische Kirche guthieß, wenig Spaß machen konnte.

Das größte Problem mit dem Sex war, ihn in unsere Terminkalender reinzukriegen. Sex samstags zwischen zwei und drei kam nicht in Frage, weil da der Altpapiersammler kam. Vor dem Frühstück ging nicht, weil wir regelmäßig verschliefen. Nach dem Abendessen – konnte man vergessen –, um diese Zeit rief immer jemand von unseren Eltern an, und wenn wir nicht ans Telefon gingen, benachrichtigten sie die Polizei. Dienstagabend war Bowling, da kam Bill spät nach Hause, und freitags wusch ich mir immer die Haare und schlief mit Lockenwicklern, um eine formvollendete Frisur zu kriegen, also: Freitag war auch gestrichen.

Eines Abends erzählte mir eine meiner Freundinnen im Kartenklub von einem Artikel, den sie gelesen hatte, demnach sich der sexuelle Reiz nach zwei Jahren Ehe abnütze.

Bei den Versuchen, uns auszumalen, was ihn ersetzen könnte, reichten die Antworten von Fruchteis mit heißer Schokolade bis zu Zahnregulierung.

Die Sache mit dem Sex zählte nicht mal zu den ersten zehn dringlichen Fällen auf unserer Hitliste.

Die echten Probleme waren die, mit denen wir nicht gerechnet hatten. Frischvermählte sollten den ganzen Quatsch von Zärtlichkeit und Liebe in guten wie in bösen Tagen, in Reichtum und Armut, Krankheit und Gesundheit vergessen und lieber die große Frage aufwerfen: »Können wir uns ernähren und erhalten?« Meinen Sie, irgend jemand würde zu den in die See der Ehe Stechenden sagen: Nehmt belegte Brote mit!?

Ich erinnere mich schwach, daß meine Mutter mich eines Abends, als ich noch alleinstehend und unbedarft war, bat: »Weil du gerade auf den Beinen bist, könntest du mir ein Glas Wasser aus der Küche bringen?«

Ich fragte: »Wo?«

Sie sagte: »Wo was? Das Wasser oder die Küche?«

»Die Küche«, gab ich zur Antwort.

»Ist das Zimmer mit der großen Uhr an der Wand.«

»Aha.«

Solange ich zu Hause lebte, hat sie immer mal wieder versucht, mich dazu zu kriegen, ihr bei der Küchenarbeit zuzuschauen, aber ich war nicht neugierig darauf, wie man ein Ei aus der Schale holt oder ein Huhn zubereitet. Im Alter von zweiundzwanzig hielt ich Aspik immer noch für einen Wintersportort.

Ich hatte auf der Highschool einige wenige Male Hauswirtschaft belegt, aber es war jeweils nur eine Frage der Zeit, bis uns der immer wiederkehrende Speisezettel mit Vanillesoße und Götterspeise zum Hals heraushing.

Eines Abends legte Bill seine Gabel auf die undefinierbare und unberührte Speise auf seinem Teller und sagte: »Vielleicht sollten wir einige Hochzeitsgeschenke zurückgeben und gegen was Nützliches eintauschen.«

»Und das wäre?»

»Eine automatische Würstchenbude, zum Beispiel.«

Tatsächlich ging uns jetzt die Bedeutung des alten Spruches auf: »Der Mensch ist, was er ißt.« Solange wir verliebt und dann auch verlobt waren, hatten wir von der Liebe gelebt, die weder Kalorien noch Nährwert hat und sehr geringen Aufwand an Vorbereitung erfordert.

Jetzt entdeckten wir, daß die nächste Mahlzeit nicht nur der Grund unseres Daseins war, sondern darüber hinaus die Basis aller unserer Gespräche.

»Was gibt es zum Abendessen?«

»Soll ich das Essen machen?«

»Bist du zum Einkaufen gekommen?«

»Hast du es aufgetaut?»

»Macht das deine Mutter so?«

»Ist es zu hart?«

»Ist es zu sehr durch?«

»Sind Koteletts zu teuer?«

»Soll ich es aufheben?«

»Du ißt ja gar nichts.«

Wenn wir nicht über unsere Eßgewohnheiten sprachen, dann rief meine Mutter an, um sich zu erkundigen, was ich kochte, oder meine Schwiegereltern kamen vorbei, um nachzusehen, ob ihr Sohn auch etwas zu essen bekam.

Keiner von uns beiden wollte es zugeben, aber das Essen, das wir jede Woche bei unseren Eltern abstaubten, war unsere Rettung. Sozusagen eine verlängerte Nabelschnur.

Wir waren mit gänzlich überflüssigen Dingen in die Ehe gegangen. Warum nur hatte ich gemeint, ich brauchte silberne Platzkartenständer in meiner Vitrine; ich werde das nie verstehen. Jeder wußte, daß man an meinem Tisch keine Visitenkarten brauchen würde. Man blieb nicht lange genug, um neue Bekanntschaften zu machen.

Unsere Hochzeitsgeschenke waren in keiner Hinsicht hilfreich. Wohlmeinende Freunde hatten uns kleine Pfännchen in Igelform geschenkt. Wir brauchten einen

Badezimmerboiler. Wir besaßen zwar gravierte Teelöffel, aber keine Matratze für unser Bett. Wir waren Besitzer zweier Wohnzimmertischlampen. Aber die Tische fehlten uns, auf die man sie hätte stellen können.

Unsere Wohnung sah aus, als hätte sie jemand eingehäkelt ... dank Tante Mae. Als sie hörte, daß ich heirate, häkelte sie sich bewußtlos. Es gab einen gehäkelten Überzug für den Klodeckel und den Wasserboiler, eine gehäkelte Fußmatte vor dem Waschbecken, einen gehäkelten Überzug für das Toilettenpapier und eine gehäkelte Vorhangschnur für den Duschvorhang.

Desgleichen waren da noch: gehäkelte Überzüge für Seifenschachteln, Taschentuchpäckchen, die Reinigungsmilch, Schminktücher und ein dekoratives Hütchen als Wandschmuck.

Sie hatte nichts unbekleidet gelassen, soweit das Auge reichte. Selbst über die Tabascosoße war ein mexikanischer Riesenhut mit Poncho gestülpt, und die Weinflasche war als Pudel verkleidet. Jeden Türknauf in unserem Haus hatte sie kostümiert, dazu gab es Spitzendeckchen für Rückenlehnen und Armstützen jedes Sessels; die Fußbank war mit einem Afghanteppich bekleidet, auf den Tabletts lagen Sets, und sinnigerweise gab es sogar Deckchen für Tische, die wir noch gar nicht besaßen.

Konnte ich in der Küche keinen Preis gewinnen, so glänzte Bill aber auch gewiß nicht als Handwerker.

»Vielleicht könnten wir ein paar unserer Hochzeitsgeschenke gegen einen Hammer eintauschen«, schlug ich eines Tages vor.

»Wozu?« fragte er scharf.

»Nun, beispielsweise um einen Briefkasten aufzuhängen und eine Handtuchstange im Bad.«

»Ich habe nie behauptet, handwerklich begabt zu sein«, verteidigte er sich.

»Ich spreche nicht von komplizierten Maschinen, für die man Schutzanzüge braucht. Ich spreche von einem Hammer.«

»Mein Vater hat so was im Keller», murmelte er.

»Es wäre auch toll, wenn du einen kleinen Bohrer hättest und vielleicht einen Schraubenzieher. Wer weiß, vielleicht könntest du eines Tages ...«

»Moment mal«, unterbrach er mich, »jetzt sind wir bei Toms und Jeannes Pingpongballuhr, oder? Darauf läuft diese ganze Unterhaltung doch hinaus.«

Tom und Jeanne sind gute Freunde, die drei Wochen vor uns geheiratet haben. Ihre Wohnung war sozusagen »handmade«. Die Wände waren tiefgrün gestrichen. Sie hatten alte Möbel gekauft und sie in Weiß und Gelb lackiert. Sie rahmten Plakate, und Jeanne hatte aus getrockneten Blumen Collagen gemacht, die in der Küche hingen. Tom hatte aus aufeinandergesteckten Blumentöpfen eine Lampe angefertigt, und beide zusammen hatten Bücherborde aus Zementsteinen und Brettern entworfen. Aber der Blickfang schlechthin war Toms Uhr. Er hatte die Innereien einer alten Uhr genommen und um sie herum ein Ziffernblatt aus bemalten Pingpongbällen angelegt, die an Holzdübeln befestigt waren.

»An unserer Wohnung gibt es nichts auszusetzen«, verteidigte sich Bill.

»Sie ist so gemütlich wie eine öffentliche Bedürfnisanstalt.«

»Ich habe einiges daran gemacht«, sagte er.

»Die Regalborde mit Klebefolie bezogen und einen Nagel über der Spüle für die unbezahlten Rechnungen eingeschlagen zu haben, sind nicht gerade dekorative Leistungen.«

Ich glaube, unser größtes Problem war, daß wir ziemlich knapp bei Kasse waren und gänzlich unvorbereitet für die Ehe. Um ehrlich zu sein, ich hatte es mir schöner vorgestellt – und romantischer. Unsere Eltern hatten von den mageren Jahren, »arm, aber glücklich«, mit so viel Begeisterung und Gelächter erzählt, daß wir krank vor Neid waren, die Wirtschaftsdepression nicht erlebt zu haben.

Gelegentlich gestattete ich mir, an die Vorsätze zu denken, die ich vor dem Altar gefaßt hatte – einen Bilderbuchehemann zu kreieren.

In dieser Richtung hatte überhaupt kein Fortschritt stattgefunden. Das war ziemlich entmutigend. Immer noch trug Bill seinen Bürstenhaarschnitt. Immer noch zog er mit Ed und den anderen herum. Und immer noch kam er ständig und zu allem zu spät. Ein 44-Minuten-Ei zum Frühstück war bei uns gang und gäbe.

Noch entmutigender war allerdings, daß meine Liste der Dinge, die an ihm verändert werden mußten, jeden Tag länger wurde.

Er war eine Nachteule und ich Frühaufsteher. Bis mittags schlafwandelte er. Wenn ich bettreif war, kriegte er gerade den zweiten Auftrieb.

Er wurde nicht braun. Ist es vorstellbar, daß er in den ganzen sieben Jahren, die wir miteinander gegangen waren, nie gesagt hatte, daß er das Strandleben haßt und seine irische Haut keine Sonne verträgt?

Er bewahrte seine gesamte Garderobe im Schrank auf, Sommer- wie Wintersachen. Wie kann man nur die Wollsachen neben die leichten Sommersachen stopfen? Vielleicht ist das eine Kleinigkeit, aber es geht noch weiter. Wenn zwei halbvolle Müslipackungen da waren, schüttete er sie zusammen. Genauso machte er's mit Eispackungen und Säften, so daß man nie genau wußte, was man eigentlich aß.

Zudem bemerkte ich, daß dieser Mann unfähig war, den Klodeckel zuzuklappen.

Aber der wahrscheinlich schwierigste Teil der Anpassung war der Dienstagabend.

Wir hatten uns hoch und heilig versprochen, jeden Alltagstrott in unserer Ehe zu vermeiden. Aber jetzt beteiligten wir uns jeden Dienstagabend an einem Ritual, das in seiner unerschütterlichen Vorhersagbarkeit nur noch mit dem historischen Schauspiel der Wachablösung vor dem Buckingham-Palast zu vergleichen war: Abendessen bei seinen Eltern. Sie waren nett, aber ich war vollkommen eingeschüchtert durch sie. Seine Mutter war Nur-Hausfrau und trug immer Kleider oder Röcke; meine arbeitete in der Fabrik und trug Hosen. In seinem Elternhaus gab es ein Eßzimmer und einen Vitrinenschrank. Meine Familie aß in der Küche, wo man vom Eßtisch aus den Herd aus- und den Kühlschrank aufmachen konnte, ohne aufzustehen. Seine Eltern waren gut zwanzig Jahre älter als meine Eltern.

Als Zugeständnis an mich legten wir unsere Besuche zeitgleich mit der Milton-Berle-Show, die ich gerne sah. (Bills Eltern besaßen nämlich einen Fernseher!) Beim Betreten des Hauses hörten wir schon »Oh, wir sind die Männer von Texaco … wir kommen von Maine bis Mexiko …« Und in den nächsten Minuten würde folgendes passieren: Milton Berle stolzierte auf den Schuhkanten vor seinen Zuschauern hin und her, und Mutter Bombeck legte ihrem Sohn das einzige Gemüse auf den Teller, das der seit dem vorigen Dienstag gesehen hatte.

Ich fühlte mich wie Eliza Doolittle beim ersten Essen am Tisch von Professor Higgins … und sehnte den Tag herbei, wo alle einander zunicken und sagen würden: »Jetzt hat sie's. Ich glaube, jetzt hat sie's!«

Bei mir zu Hause war es so: Mein Vater hatte keine Tochter verloren, er hatte mehr Schrankraum bekommen und einen Schwiegersohn, der mit Begeisterung meine Reinigungsrechnungen bezahlte. Meine Mutter, die bei meiner Hochzeit geklagt hatte, ich heiratete einen Mann, der »nicht gut genug für dich ist«, wandte sich jetzt gegen mich und sagte: »Er verdient zwei von deiner Sorte.«

Sie überhäufte ihren neuen »Sohn« geradezu mit Lob. Er brachte ihr einen armseligen Blumenstrauß mit, und sie sagte: »Erma hat mir nie Blumen geschenkt, von denen man nicht die Hälfte gleich hätte wegwerfen müssen.« Sie bemitleidete den »armen Bill«, weil er »so dünn aussieht«, nichts Richtiges zu essen kriegte, und weil er einen Monat lang rosa Unterwäsche tragen mußte, nachdem ein rotes Handtuch in die Wäsche geraten war. Kurzum, sie liebte ihn.

Psychologen und Eheberater sagen, das erste Ehejahr sei das schwierigste, wegen der gegenseitigen Anpassung. Ich glaube, junge Ehepaare denken in dieser Zeit viel nach.

Ich, zum Beispiel, dachte manchmal an Mord. Dann überlegte ich, ob ich nicht Schwester Erma Louise im Marienkloster werden sollte. Erwog sogar, zu meiner Mutter zurückzugehen. (Aber wozu? Bill hätte in der Küche gesessen und mit meinen Eltern Kaffee getrunken.) Aber Scheidung? Niemals.

Wir hatten hier angefangen, uns gemeinsam etwas aufzubauen. Bill hatte zwei Zigarrenschachteln zusammengenagelt und gelb angestrichen (durch das Gelb schimmerte König Edward) und bezeichnete es als Schmuckkästchen für Krimskrams. Ich hatte ein Kochbuch für den sparsamen Haushalt gekauft. Wir kratzten 150 Dollar für einen zwölf Jahre alten Plymouth zusammen. Eines Dienstags war ich erkältet, und das Abendessen bei seiner Familie fiel aus. Aber wir hielten durch.

An unserem ersten Hochzeitstag zündete ich eine Kerze an, um mein Geschenk, zwei Dosen mexikanischer Bohneneintopf, ins rechte Licht zu setzen, und er schenkte mir – einen Angelschein.

Vielleicht hatte ich zu früh gejubelt.

Wir unterbrechen diese Ehe …

Sie war nicht mal so attraktiv. Sie war klein, farblos und hatte wenig zu sagen – aber sie konnte mit männlichem Publikum umgehen, die Männer starrten gebannt zu ihr hinüber, wo immer sie auftauchte.

Von dem Augenblick an, als Bill sie nach Hause brachte, auf einen Schemel stellte und sich zwei Meter davor auf einen bequemen Stuhl hockte, wußte ich, daß unsere Ehe nie mehr sein würde, was sie gewesen war.

Eine Fernsehtruhe in unserem Haus war wie zu dritt in einem Bett schlafen. Ich persönlich fand die Einrichtung jämmerlich, anstrengend, vereinnahmend und seicht, aber für Bill war sie die vollkommene Geliebte. Wenn er schnarchte, machte es ihr nichts. Wenn er mitten in ihrer Unterhaltung einschlief, verzieh sie ihm. Wenn er es verlangte, stand sie ihm in der Nacht zur Verfügung und unterhielt ihn. Er konnte sie anmachen, indem er auf einen Knopf drückte, und ausmachen, wenn ihm danach war.

Der Einfluß des Fernsehens auf die Ehe war erschreckend. Es gab keine Frau, die ihn nicht fürchtete. Die Mahlzeiten richteten sich nach dem Programm ebenso wie das gesellschaftliche Leben. Sex wurde in die Werbungsunterbrechungen eingeschoben. Aber am meisten wurde unser Leben durch die vermittelten Inhalte verändert.

Meine Zeitgenossinnen und ich bekamen wöchentlich Frauen vorgesetzt, die tagaus, tagein Röcke und Perlen trugen, nie ein Klo putzten, und Männer, die nach Hause kamen, den Hund hinterm Ohr kraulten, ihren Frauen die Wange tätschelten (oder war es umgekehrt?) und in eine Jacke mit Lederflecken an den Ellbogen schlüpften.

Unsere Rolle wurde aber vor allem durch die Werbung definiert und bestärkt.

Die Botschaft lautete, daß wir allein die ganze Verantwortung für den Erfolg oder Mißerfolg unserer Männer trugen. Wenn wir ihm kein herzhaftes warmes Frühstück vorsetzten, konnte er Verdauungsstörungen bekommen, wodurch er vielleicht seine Klienten verlor. Wenn sein Badetuch kratzte, so konnte das zu Nervosität und damit zu Schwierigkeiten am Arbeitsplatz führen. Und Gott bewahre, sein Chef käme zum Essen, und die Gläser wären fleckig und hätten Streifen! Er würde nie die fällige Beförderung bekommen, und auch das wäre nur unsere Schuld.

Sogar die Männer fingen an, diesen Unsinn zu glauben. Eines Tages kam Bill mit einem Hemd auf mich zu und sang vorwurfsvoll: »Liebling, der Kragen braucht eine Sonderbehandlung.« »Warum wäschst du dir deinen schmutzigen Hals nicht besser«, fuhr ich ihn an.

Ich hätte so gerne an den Alltag der Serienpaare geglaubt …, an Männer, die den ganzen Tag in der Küche herumsaßen und zu ihren Frauen sagten: »Möchtest du nicht darüber reden, Joanna?« Im wirklichen Leben hatte sich unsere Unterhaltung auf etwa sechs Wörter in der Woche reduziert. Wir stritten nicht einmal mehr. Als endlich die letzte Werbung über den Bildschirm flimmerte, hatten wir längst vergessen, worüber wir gestritten hatten. Ich ertappte mich dabei, Fernsehfiguren wie Fran zu beneiden … Sie hatte wenigstens zwei Puppen, Kukla und Ollie, mit denen sie reden konnte.

Die meiste Zeit jedoch verbrachte Bill vor seiner elektronischen »Geliebten«. Er saß vor oder unter dem Basketballkorb, verfolgte jede Hockeyscheibe, stand im Tor, war hinter jedem Ball her und brüllte von den Rängen herunter.

Ich hätte in einem aus Sternen gewobenen Nachthemd erscheinen können, und er wäre dagesessen, die Augen auf den Bildschirm geheftet und hätte nur gefragt: »Haben wir nichts mehr zum Knabbern?«

Es war idiotisch von mir, seine Aufmerksamkeit erregen zu wollen. Ich erinnere mich, Jahre danach Suzanne Pleshette in einer Johnny Carson Show gesehen zu haben. Sie saß da, ihre Kurven sprengten fast das lange schwarze Seidenkleid, ihre Alabasterhaut verschlug einem den Atem, und sie lächelte verführerisch mit ihren perlweißen Zähnen. Und dennoch beklagte sie sich, daß sie ihren Mann nicht fünf Minuten von der Mattscheibe und dem Fußballspiel wegbrachte. Und wenn Suzanne Pleshette es nicht schaffte, sich die Aufmerksamkeit ihres Ehemannes zu erhalten, was hatte ich da für eine Chance?

Bill war nicht nur ein leidenschaftlicher Fernsehgucker, er war ein TIEFSCHLAFGLOTZER.

Normale Menschen vor dem Fernseher zeigen noch irgendeine Regung. Sie freuen sich. Sie springen manchmal vor Begeisterung vom Stuhl auf. Sie nehmen Nahrung zu sich (manchmal intravenös). Ihre Augen blitzen. Aber der Tiefschlafglotzer sitzt mit geschlossenen Augen vor dem Gerät. Er befindet sich irgendwo zwischen Tiefschlaf und Tod.

Die Ehefrau betritt das Zimmer im sicheren Glauben, ihr Mann schlafe. Sie beugt sich vor, um das monotone Gelaber des Ansagers abzuschalten, da dringt ein Ton aus dem leblosen Klumpen: »Laß die Programmtaste in Ruhe, sonst bring ich dich um.«

Was mich wirklich in Erstaunen versetzte, waren die Vorbereitungen, die Bill vor jeder Sendung traf. Er redete nur noch davon. Eine Stunde vorher rückte er seinen Stuhl vor dem Apparat zurecht, stellte sich die Brote oder das Knabberzeug hin sowie den Getränkekühler und hängte das Telefon aus. Eine Minute vor Programmbeginn suchte er die Toilette auf. Gleich nach dem Anstoß versank er ins Koma.

Für eine frischverheiratete Frau ist es schwer, damit zurechtzukommen, daß sie durch einen Apparat zu ersetzen ist. Aber so war es. Sollten wir je eine Familie werden, dann mußte die Empfängnis während einer Rasierklingenwerbung auf dem Fernsehsessel stattfinden.

In der Weihnachtszeit schmückte ich den Fernseher mit Glitzerzeug, um ihm ein festliches Aussehen zu verschaffen. Wenn wir Besuch hatten, ließ ich vorher drei Fragen aufschreiben, damit mein Mann sie schriftlich beantworten konnte, bevor die Gäste kamen.

Worauf wir alle insbrünstig hofften, war nur eine harmlose kleine Abwechslung in unseren langweiligen Ehen. Selbst Samstag abends, wenn wir uns gegenseitig in unseren kleinen Wohnungen besuchten, hockten die Männer vor der Röhre im Wohnzimmer und die Frauen draußen in der Küche und stellten sich die große Frage: »Was ist bloß mit unseren Ehen los?«

An einem dieser Abende saßen wir beisammen und suchten eine Lösung für das Problem unserer Einsamkeit. Meine Freundin Joan erzählte von einer hinreißenden Werbung, in der eine Frau sich eine billige Heimdauerwelle gemacht habe, nach der ihr Haar so glanzlos und gräßlich aussah, daß ihr Mann es vorzog, fortan Überstunden im Büro zu machen – da schaute ein Mann zu uns in die Küche.

Wir kannten ihn alle nicht. Wir dachten, daß er sich auf dem Weg von der Toilette zurück ins Wohnzimmer verlaufen hätte, und sagten: »Die Männer sitzen im Wohnzimmer und sehen Howard Cosell.«

»Howard wen?« fragte er.

Wir guckten ihn ungläubig an. »Sie machen Witze. Wollen Sie wirklich behaupten, Sie hätten noch nie von Howard Cosell gehört?«

Er schüttelte den Kopf.

»Und was ist mit ›Bonanza‹?« fragte Helen mit mißtrauisch zusammengekniffenen Augen.

»Wer ist das?«

Wir schnappten nach Luft.

»Wie heißen Sie?« fragte ich schließlich und rückte ihm näher.

»Bob.«

»Sagen Sie, Bob«, fragte ich ihn, »was machen Sie an Silvester?»

»Das Wasser in meinem Wasserbett wechseln und mir ein Essen um Mitternacht leisten.«

»Und sonntags?«

Keine von uns machte mehr einen Atemzug.

»Fahr' ich aufs Land und seh' mir abends irgendwo einen Film im Kino an.«

»Und wie steht es mit dem Montag?« fragte Charmaine.

»Da bin ich zu Hause, höre Platten, oder aber ich besuche jemanden.«

Wir konnten es nicht glauben. Da waren wir doch tatsächlich mit einem Mann, der sich nichts aus Sport und Fernsehen machte, leibhaftig in einem Zimmer versammelt!

Ich war immer noch mißtrauisch.

»Wir nennen Ihnen ein Wort«, sagte ich, »und Sie sagen ganz spontan, was Ihnen zuerst dabei einfällt. – Tor!«

»Garten.«

»Ecke.«

»Zimmer.«

Bob erschien zwar nie wieder zu einer Nachbarschaftsparty, aber es verging kein Tag, an dem nicht sein Name fiel.

1953 brachte uns das Fernsehen zwei große Ereignisse ins Wohnzimmer. Die New York Yankees gewannen wieder die Weltmeisterschaften, und Lucille Ball wurde wirklich schwanger und schenkte vor Millionen von Zuschauern einem kleinen Rick das Leben.

Ich hatte schon öfter Schwangerschaften in Serien erlebt, aber die künftigen Mütter traten da immer mit niedlichen Bäuchen auf, die nicht größer waren als die von jemandem, der eben ein üppiges Mittagessen verspeist hat. Für gewöhnlich hatten sie dann eine Fehlgeburt, damit sie keine langweilige Mutterrolle spielen mußten oder damit die Produzenten keine Extraausgaben für Babyrollen hatten.

Aber Lucille war Wirklichkeit, auf dem Bildschirm und im richtigen Leben.

Sie und Ethel tobten durch eine Süßwarenfabrik, hatten miteinander Weintrauben gestampft, und Lucille hatte William Holden den Kopf verdreht. Jetzt war es an der Zeit für sie, Mutter zu werden.

Als ich sah, wie die aufgeregte Gesellschaft in der Wohnung herumlief, Türen aufstieß und in der Eile, Lucille noch rechtzeitig ins Krankenhaus zu bringen, den falschen Koffer nahm, beschäftigte mich nur eine Frage: Wie hatte sie bloß ihren Mann lange genug vom Fernseher weggelockt, um ein Kind zu empfangen?

In Krankheit und Gesundheit

Es gibt Menschen, die sind dazu geboren, Kissen aufzuschütteln und Süppchen einzuflößen. Schon eine Berührung ihrer Hände läßt das Fieber sinken. Sie können es mit der Treue eines Cockerspaniels aufnehmen. Für den Kranken ist es, als befände er sich in der Hand des Allmächtigen.

Für andere Menschen ist Krankheit wie eine unangenehme Nachricht während eines Meisterschaftsspiels, oder sie erstarren – so, als kämen die Eltern zu früh nach Hause, während man gerade eine Party feiert.

Mischehen zwischen einem Mitfühlenden und einem Unduldsamen sind nicht selten. Mitgefühl ist nicht notwendigerweise geschlechtsspezifisch. Gewöhnlich ist der eine Partner der Nehmer und der andere der Geber.

In unserer Ehe schaute keiner gern dem anderen zu, wenn er sich übergeben mußte. Wir konnten schon mit unseren eigenen Krankheiten nicht umgehen, geschweige denn mit denen des anderen. Das hatten uns unsere Mütter immer abgenommen.

Wenn ich verkündete, meine Augen fühlten sich wie runde Rasierklingen an, mein Hals brenne, meine Lippen seien spröde, wenn ich vor Fieber glühte und meinem Mann ans Herz legte, nach meinem Tod wieder zu heiraten, schaute er mich an und sagte: »Also Klartext: Du willst damit sagen, ich soll das Saubermachen übernehmen.«

Ich war nicht besser. Wenn er mir auf meinen Rat hin,

einen Arzt aufzusuchen, mit der Macho-Märtyrer-Rolle kam, sagte ich: »Also gut, du wirst sterben, dann sag mir aber vorher noch, welches Motoröl wir für unseren Wagen brauchen.«

Statt uns gegenseitig mit Liebe und Fürsorge zu überschütten, neigten wir beide dazu, jede Verantwortung für die Krankheit des anderen abzulehnen. Er sagte beispielsweise: »Na, jetzt hast du also endlich deine Erkältung!« (Als hätte ich sie käuflich erworben.)

Ich weiß nicht, ob es der Ehestreß war oder ob meine Garantie schon abgelaufen war, jedenfalls entdeckten wir während der ersten Jahre unseres Eheglücks, daß ich mit der Zuverlässigkeit einer Billiguhr versagte.

Erst waren es meine Mandeln.

»Willst du sagen, du hast sie noch drin?« fragte mein Mann.

»Was denkst du denn? Daß sie nachwachsen? Freilich hab' ich sie noch, und jetzt müssen sie raus.«

»Du wirst die Älteste auf der Kinderstation sein.«

Einen Monat später bekam ich Mumps.

Meine Backen waren so geschwollen, daß wir sie mit einer dicken Bandage festbinden mußten.

Bill war weniger mitfühlend als erstaunt. »Warum hast du mit so einer Kinderkrankheit gewartet, bis du verheiratet bist?«

»Damit es nicht so langweilig wird«, gab ich eisig zurück.

Als mir der Zahnarzt sagte, daß ich eine Zahnspange brauche, war es um seine Geduld geschehen.

»Jemand wie dich sollte man nur mit Rückgaberecht nehmen«, sagte er.

»Und du, du verdienst überhaupt keine Frau. Du hättest einen Toaster heiraten sollen!«

»Ich kann nur so viel sagen«, konterte er, »daß du mehr Reparaturen brauchst als unser altes Auto.«

Als ich ein paar Monate später mit einer Nierenentzündung im Krankenhaus landete, hörte ich zufällig, wie Bill zu meinem Vater sagte: »Alle Achtung, das muß ich dir lassen, du hast genau gewußt, wann es Zeit war, sie abzustoßen!«

Mein Vater lächelte nur. »Betrachte es einfach als eine Investition, mein Sohn!«

Die erste wirklich schlimmere Sache ereignete sich eines Tages, als Bill beschloß, einen Luftbefeuchter zu installieren. Ich für meine Person hätte ja nicht versucht, flach auf dem Rücken liegend ein 900 Pfund schweres Gerät mit den Füßen zu halten, um es zu installieren, aber es gibt Menschen, die wollen nicht hören.

Als ich mich über seinen Körper beugte, der platt wie ein Fußabstreifer dalag, sagte ich: »Ich habe es ja gewußt, daß du nicht eher ruhst, bis dir nicht eine Bandscheibe rausgesprungen ist.«

Das Hauptproblem bei Rückenschmerzen ist, daß sie so landläufig sind wie Schmutz. Jeder hatte entweder mal solche Schmerzen gehabt, hatte sie noch, würde sie haben, kannte jemanden, der sie hatte oder war mit jemanden, der sie hatte, zum Essen aus gewesen.

Und das zweite Hauptproblem damit ist, daß jeder ein Mittel dagegen weiß.

Mit einem Teddybären zwischen den Knien schlafen.

Eine ausgehängte Tür unter die Matratze legen.

Ein Familienangehöriger soll sich von hinten an den Kranken anschleichen und ihn zu Tode erschrecken.

Zu jenem berühmten Arzt sollte man gehen, der nur leider schon seit zwei Jahren tot ist.

Bills Arzt empfahl Dehnung. Ich besorgte leihweise eine Art Harnisch, der um seine Hüften zu befestigen war, und an dessen Scharnieren befestigte ich zwei große Farbeimer, die, mit Zement gefüllt, links und rechts von den Bettkanten herunterhingen.

»Kommst du zurecht damit?« fragte ich, während ich mir einen Pullover aus dem Schrank fischte.

»Wieso?« stöhnte er.

»Weil ich zum Einkaufen fahre. Wenn du aufs Klo mußt, mußt du es jetzt sagen.«

Ich sorgte mich schon um ihn. Es ist nur so, daß Leute, die sich ihr Kreuz verrenken, das nie bei irgendeiner Aktion, die dem Wohle der Menschheit dient, getan haben. Das widerfährt immer nur denen, die so was Blödsinniges unternehmen, wie ein Auto hochzuheben oder ein Haus zu verrücken oder etwas ähnlich Idiotisches.

Einfühlsam gegenüber den Nöten des anderen zu sein ist nicht so einfach. Einige Jahre nach Bills Bandscheibenvorfall hob ich einmal einen schweren Blumentopf hoch. Zwei Tage danach sagte ich zu ihm, als er gerade am Schlafzimmer vorbeiging: »Hallo! Hab' ich dir eigentlich jemals gesagt, wie leid du mir damals getan hast, als du Probleme mit der Bandscheibe hattest?«

»Nein«, gab er zur Antwort.

»Es war ganz schrecklich. Du warst so hilflos, und ich wußte, daß du gräßliche Schmerzen hattest.«

»Wie kommst du denn jetzt darauf?« fragte er mißtrauisch.

»Weil ich mich nicht rühren kann. Es ist mir arg, dich darum zu bitten, aber wenn du dich schon bückst, könntest du mir dann bitte meine Brille geben und den verkehrt liegenden Hausschuh richtig hinstellen?«

»Ich sag' es doch! Der Mensch ist nicht geschaffen für den aufrechten Gang.«

»Ich gehe seit zwei Tagen nicht aufrecht«, erwiderte ich. »Hast du etwa nicht bemerkt, wie ich in der Küche unter Tisch und Stühlen umherkrieche?«

»Jeder hat Probleme mit dem Rücken«, gab er ungerührt zurück. »Das ist so weit verbreitet wie Erkältungen.«

3x tägl

»Aber bei mir ist es anders«, sagte ich. »Es ist schwer zu beschreiben, aber ich will's mal versuchen. Du weißt doch, wie ein Toaster aussieht, wenn er sich ausschaltet und die Hitze so an allen Drähten wegknackt?«

Er starrte mich wortlos an.

»Und dann ist es wieder weniger ein brennender, sondern eher ein dumpfer Schmerz. Weißt du, als ob man drei Stunden lang auf einer harten Tribüne im Sportstadion bei minus zehn Grad gesessen hätte und nur noch ins Auto getragen werden kann, weil man um nichts in der Welt mehr aufstehen könnte.«

»Kann ich mir vorstellen«, sagte er.

»Nein, warte mal, eher als wenn du einen schlafenden Stier aufweckst und einen Tritt in den Rücken bekommst. Ja, genauso ist es.«

Während wir so von einer Krankheit in die andere fielen, lernten wir, miteinander umzugehen, wie es einer vom anderen erwartete. Alles, was Bill von mir wollte, war, daß ich ihm seine Medikamente nach Vorschrift gab und ihn in einem verdunkelten Zimmer hinter geschlossener Tür in Ruhe ließ. Wenn ich darniederlag, konnte ich damit rechnen, daß ich das einzige Essen bekam, das er zubereiten konnte: einen Teller Bratkartoffeln mit Zwiebeln, in Erdnußbutter, mit einem Bananensandwich dazu.

Im Laufe der Jahre klappte es mit der gegenseitigen Verwöhnung immer besser. Krankheit ist einer der ehelichen Prüfsteine. Deshalb kommt sie ja auch im Ehegelöbnis vor. Jeder möchte sich zwar irgendwie darüber wegschwindeln, aber es ist ein wichtiger Punkt. Denn da erwischt es einen zum erstenmal nackt und bloß, ohne Maske. (Nicht zu reden vom Make-up!) Man ist verletzlich und abhängig. Niemand heiratet, damit ihn der Partner »versorgt«. Man hält sich für ein Team. Und dann sieht man sich in der kompromittierenden Lage, um zwei Uhr morgens mit dem Kopf über der Kloschüssel zu hängen, während der andere neben einem steht, und der letzte Funke Scham und alles Geheimnisvolle ist verflogen.

Meine Freundinnen, die schon kleine Kinder hatten, meinten, ich solle nur ja nicht mit Mitgefühl rechnen, wenn ich mein erstes Kind bekäme; ich solle lieber allem Schamgefühl Lebewohl sagen. Sie erzählten, wie schamhaft sie noch während der Schwangerschaft bei den gynäkologischen Untersuchungen gewesen waren.

Nach ihren Entbindungen aber hatte sich alles vollkommen verändert. Heerscharen fremder Männer liefen plötzlich durch ihre Krankenzimmer. Sie fielen über ihre nackten Oberkörper mit Stethoskopen her, schlugen ihre Bettdecke auf mit den Worten: »Mal sehen, was wir da haben.« Sie klopften, untersuchten, drückten und zogen an jedem Körperteil. Sie kamen, ohne anzuklopfen, ins Bad, um nach der Verdauung zu fragen, und schauten ungerührt zu, wenn sie sich in die oder aus den Krankenhausnachthemden zwängten, die noch für eine Puppe zu klein gewesen wären.

Ich glaubte ihnen kein Wort.

Damals hatte ich freilich noch keine Entbindung hinter mir und noch nicht einem vermeintlichen Arzt auf dem Flur meine nackte Brust entgegengehalten und ihn gefragt: »Ich stille. Mache ich es richtig?«, um von einer vorbeikommenden Schwester belehrt zu werden, daß es sich um den Telefoninstallateur handle.

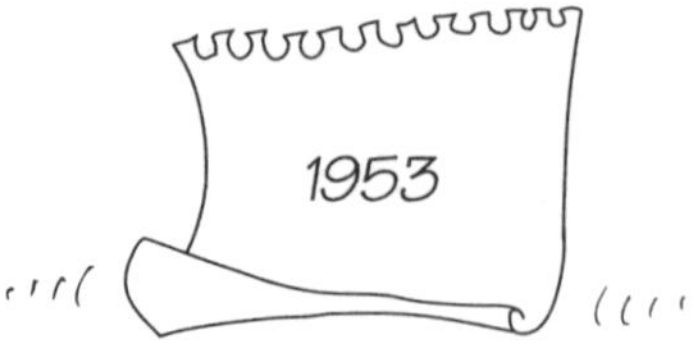

»Du wirst auch nicht jünger!«

Ich legte den Bleistiftstummel weg, nahm einen Schluck Punsch aus dem Glas, das ich auf meinen Knien balancierte, und wartete darauf, daß die anderen mit dem Schreiben fertig würden.

Es war wieder ein konfettireicher Abend einer Schwangerschaftsparty, wieder mit denselben Frauen. Mir kam es vor, als wäre ich erst gestern auf ihren Polterabenden gewesen, wo wir auf Klappstühlen zusammensaßen und uns amüsierten.

Mein Blick ruhte auf dem, was ich geschrieben hatte: eine Liste von 15 Wörtern, die aus den Buchstaben des Wortes »Korbkinderwagen« gebildet waren. Es waren zwei nicht gerade salonfähige Wörter darunter, aber trotzdem würde ich wahrscheinlich gewinnen. Ich gebe zu, es handelte sich um eine Fertigkeit, mit der kein großer Staat zu machen war, aber bei einer Schwangerschaftsparty konnte man damit ziemlichen Eindruck machen. Weiß der liebe Himmel, in den letzten vier Jahren war ich auf genug Schwangerschaftspartys gewesen! Es verging ja keine Woche, daß nicht eine meiner Freundinnen die baldige Ankunft eines Babys verkündet hätte. Schwangerschaften waren zur Epidemie geworden.

Stumm beobachtete ich die anderen Frauen in der Runde, wie sie fieberhaft an ihren Nägeln kauten, sich krampfhaft um ein weiteres Wort bemühten, bevor die Zeit ablief. Sie plagten sich, als ginge es darum, den Sinn des Lebens zu ergründen.

Der Ablauf war voraussagbar. Wenn die werdende Mutter dein Geschenk als erstes öffnete, dann bedeutete das, daß du als nächste ein Baby kriegen würdest. Es spielte keine Rolle, ob es sich um das Geschenk ihrer 93jährigen Großmutter handelte; die Frau war dazu bestimmt zu gebären, alles andere war ihr Problem.

Eine andere aus der Runde wurde dazu bestimmt mitzuschreiben, was die werdende Mutter sagte, wenn sie ein Geschenk auswickelte. Diese Bemerkungen waren angeblich denen ähnlich, die sie in der Nacht der Empfängnis geäußert hatte. Dabei gab es natürlich viel zu lachen.

Gedankenverloren sammelte ich die auf dem Boden liegenden Geschenkbänder auf und knüpfte sie zusammen, damit sie dann als endlose Schnur durch die Runde wandern konnten. Wer einen Knoten zu fassen kriegte, würde im Nu Umstandskleider brauchen.

Ich war der lebende Beweis dafür, daß dieser ganze Unsinn weder wissenschaftlich haltbar noch narrensicher war. Millionen solcher Knoten waren durch meine Hände gegangen, und da saß ich: 26 Jahre alt und immer noch kinderlos. Nach vier Ehejahren hatte ich noch nie Sodbrennen gehabt oder morgendliche Übelkeit, nie Unterwäsche getragen, die spannte, nie ein Baby hochgehalten oder einen Ehering getragen, der einschnitt. Warum strafte mich der liebe Gott?

Meine Mutter, die mir zwei Jahre lang immer eingeschärft hatte: »Schaff' dir jetzt bloß noch kein Kind an«, tönte jetzt wieder die alte Lieblingsweise: »Du wirst auch nicht jünger!«

Meine Schwiegermutter sagte: »Du kannst doch nicht immer eine Karrierefrau bleiben.« (Richtig. Als ob ich mit meinen Nachrufen jemals auf der Titelseite irgendeiner Zeitung gelandet wäre!)

Unsere Freunde waren ein bißchen weniger zartfühlend. »Worauf wartet ihr?«

Im Biologieunterricht hatte uns Miss Riegel, unsere Lehrerin, den Eindruck vermittelt, als sei schwanger werden so leicht wie satt werden. Kaum hast du im Kino mit einem Jungen dasselbe Popcorn berührt - boiing! - schon bist du schwanger. Es war durchaus nicht so. Niemand arbeitete härter darauf hin als Bill und ich. Wir befolgten jeden Rat, der uns unterkam.

Temperatur messen.

Austern essen.

Hüften hochhalten.

Entspannen.

Das Bett mit dem Kopfteil in Richtung Bethlehem stellen.

Sich bis über den Kopf in Schulden stürzen.

Für Bill und mich war das dritte Türchen unserer Ehe fällig. Nummer eins hatten wir schon geöffnet – es war eine Stelle für ihn als Lehrer an einer Schule auf dem Land. Dort mußte er so gut wie alles unterrichten, von Sport für Mädchen bis zu ganzheitlicher Autoreparatur. Aber es war gut so.

Türchen Nummer zwei war der 13 Jahre alte Plymouth, der uns wenigstens auf Räder setzte und in den Monaten mit einem »r« auch wirklich lief. Jetzt brauchten wir ein Kind, um unsere weihnachtlichen Glückwunschkarten komplett zu machen.

Wir sprachen nicht offen über das Problem. Keiner wollte, daß sich der andere für das, was nicht passierte, schuldig fühlte. Bill war ein wenig ehrlicher als ich. Wann immer er von Freunden hörte, daß sie ein Kind erwarteten, erklärte er ihnen, was das für ein Glück sei und wie er sie beneide. Ich? Ich tat so, als sei ich froh, nicht an ihrer Stelle zu sein. Manchmal stellte ich sogar mein Glas auf den Bauch einer Freundin und meinte: »Entschuldigung, ich habe dich mit dem Beistelltisch verwechselt.«

Ich ärgerte mich über die Leute, die sagten: »Geh doch zum Arzt!« Ich wollte mein erstes Kind nicht der Medizin verdanken. Ich wollte ein Baby auf ganz normalem Wege, und ich wollte es jetzt, wo alle meine Freundinnen Kinder kriegten.

Wenn es mir ganz mies ging, stellte ich mir vor, wie ein Leben ohne Kinder verlaufen würde. Als Doppelverdiener würden wir ein stattliches Haus beziehen und schnittige Autos kaufen können. Ich würde eine wahnsinnig erfolgreiche Autorin werden und in Talkshows und Zeitschriften erscheinen. Und ich würde die einzige in der ganzen Nachbarschaft sein, die einen weißen Hosenanzug trug und im ganzen Haus weißen Teppichboden hatte. Bill und ich würden die Welt bereisen und wahrscheinlich irgendwann einmal im Weißen Haus speisen.

Aber was für ein Leben wäre das? Wir kämen heim in ein leeres Haus, nur unsere Katze würde auf dem Fernseher liegen und uns beleidigt anschauen, weil wir sie hätten sterilisieren lassen, da wir für junge Katzen keine Zeit hätten.

Wir waren ein aus dem Tritt gekommenes Paar. Jedermann weiß, daß die Ehe einem Zug gleicht, der an verschiedenen Stationen hält: bei Kindern, einem neuen Haus, neuem Job, bei Kreuzfahrten – einfach, um die Fahrt interessanter zu gestalten.

Bill unterrichtete Tag für Tag, und ich schrieb Nachrufe. Nachts korrigierten wir die Diktate von zwei 7. Klassen, die nicht mal ihre eigenen Namen richtig schreiben konnten.

Während der vier Jahre unserer Ehe hatte unser Zug an keiner Station seine Fahrt auch nur verlangsamt. Er zockelte so dahin: Langeweile, falscher Hase und ein Tag wie der andere.

Wir beschlossen, ein Kind zu adoptieren, und trafen

uns mit Miss Eberts, einer Sozialarbeiterin, die uns erklärte, daß unsere Wohnung und unsere Lebensweise sorgfältiger Prüfung unterzogen werden müßte, daß wir aber dann innerhalb von zwei Jahren damit rechnen könnten, ein Kind zu bekommen.

ZWEI JAHRE! War das alles, was sie für eine Frau, durch deren Finger auf den Schwangerschaftspartys Hunderte von Knoten gegangen waren, tun konnte? Aber dann beging Miss Eberts einen großen Fehler, denn sie sagte: »Wissen Sie, wenn es Ihnen zu lange dauert, dann können Sie immer mal wieder bei mir nachfragen, um zu hören, wie es läuft.«

Bis zum Ende der Woche hatte ich Miss Eberts dreimal angerufen, um mich nach dem Stand der Dinge zu erkundigen. Über zwei Jahre unseres Lebens hindurch rief ich sie jede Woche einmal an. Sie hätte ihr Leben einrichten können nach meinen Anrufen. »Mal nachdenken! Erma rief gestern an. Dann muß mein Zahnarzttermin morgen sein.« Also kurz und gut, ich machte Miss Eberts verrückt.

Bill sagte, er habe die Vorstellung, daß sich Miss Eberts im Klo versteckte, wenn ihre Mitarbeiter riefen: »Erma Bombeck ist am Apparat. Sind Sie zu sprechen?«

Während der zweijährigen Wartezeit gab es immer wieder überraschende Visitationen. Uns traf ein solcher Hausbesuch eines Samstags, als Bill ein Furunkel am Bein hatte. Miss Eberts überraschte ihn dabei, daß er seinen Fuß in einen Bierkühler voll Seifenlösung gesteckt hatte. Er hielt eine Bierdose in der Hand und schaute sich ein Fußballspiel im Fernsehen an. Ich hatte eine Kleiderschürze umgebunden und versuchte eben, einen Raumteiler aus rosa Plastikschnüren an der Decke zu befestigen und wie einen Wasserfall in einen Blumentopf fallen zu lassen.

Ich versuchte, Haltung zu bewahren, und bot Miss Eberts Gebäck und eisgekühlten Tee an. Einem in einem altmodischen Glas servierten Getränk kann keiner widerstehen.

Bis die uns ein Baby verschafften, würde ich so alt sein, daß ich selbst gefüttert werden mußte.

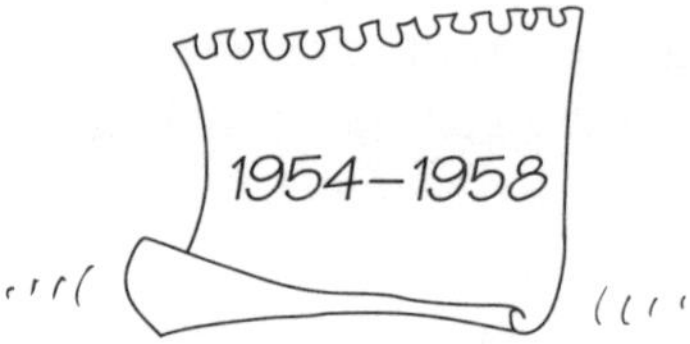

Die Kinder

Wanda und Dwayne lebten nicht in einem Haus, sie lebten in einer Räuberhöhle. Seit der Geburt des kleinen Martin waren sie schlichtweg nicht mehr dieselben.

Ihr Haus hatte sich aus einem ordentlichen, gemütlichen Heim, dem man anmerkte, daß es sich zwei verliebte junge Leute eingerichtet hatten, in eine Mischung aus überdachtem Käfig und Tollhaus verwandelt. Von allen Türen waren die Klinken abgeschraubt, die Schränke waren mit Draht versiegelt, an der Treppe zum Keller befand sich ein Gatter. Alle Behältnisse waren mit Tesafilm zugeklebt, von der Decke baumelten Mobiles wie Eisstalaktiten und zwangen einen, zum Sofa zu kriechen. Man konnte nirgends hintreten oder sich hinsetzen, ohne daß etwas quietschte oder ein Kinderlied zu orgeln anfing.

Das ganze Wohnzimmer war ausgeräumt, um einem Riesenschwan, Schaukelpferden, unzähligen kleinen Autos und riesigen aufblasbaren Spielsachen Platz zu machen. Irgend etwas aus Glas hatte das Ehepaar seit Martins ersten Gehversuchen nicht mehr zu Gesicht bekommen.

Im Bad stand ein Nachttopf, der, sobald er benützt wurde, das Lied »Alle meine Entchen« spielte. Und beging man die Dummheit, einen neugierigen Blick in den Treteimer neben der Toilette zu werfen, verlor man für die nächste halbe Stunde das Bewußtsein. Das ganze Haus roch nach vollen Windeln und Babypuder.

Was uns aber wirklich Sorgen machte, waren Wanda und Dwayne selbst. Sie waren unfähig, auch nur einen vollständigen Satz herauszubringen. Wanda sagte: »Schatz, hast du...?« Und Dwayne antwortete: »Steht auf dem Herd.« Er sagte: »Ich finde ...«, und Wanda antwortete: »Auf dem oberen Brett im Flurschrank.«

Wanda schlurfte in Pantoffeln herum, und Gott allein mochte wissen, was sie unter dem viel zu großen Hemd ihres Mannes, das sie über den Hosen trug, verbarg. Ich wagte mir nicht auszumalen, wann sie zum letzten Mal mit Wasser in Berührung gekommen war. Beide schienen blind dafür, daß sich ihre Ehe vor ihren Augen auflöste.

Sie gingen überhaupt nirgends mehr hin. Offenbar waren sie es zufrieden, daheim zu bleiben und zuzuschauen, wie der kleine Martin mitten im Wohnzimmer auf dem Rücken lag, mit den Füßen strampelte und wie am Spieß schrie, weil ihm nichts paßte. Sie strahlten, wenn er in die Drinks ihrer Gäste sabberte. Eines Abends leerte er meine Handtasche mitten auf dem Boden aus, und Wanda schrie: »Hol den Fotoapparat, Dwayne, schnell!«

Nach jedem Besuch bei ihnen schworen Bill und ich uns, wenn wir je Kinder hätten, dürften die sich nicht so zwischen uns drängen wie der kleine Martin zwischen Wanda und Dwayne. Bei uns würde es nicht so weit kommen, daß wir die lieben Kleinen nicht in ihre Zimmer scheuchten und ein bißchen Zeit für uns allein hätten ... vor allem beim Abendessen. Und wir würden nie so verrückt sein zu glauben, unsere Gäste seien nur gekommen, um dem Bäuerchen unseres Kindes zu lauschen. Und wir würden nie, ich wiederhole: NIE unsere Kostbarkeiten – vorausgesetzt, wir besäßen mal etwas Kostbareres als Bills Bowling-Trophäe – an die Decke hängen, um sie außer Reichweite unserer Kinder zu befördern. Wir würden einfach sagen: »Finger weg, sonst siehst du in deinem ganzen Leben keinen Keks mehr«, und damit basta.

Das hatten wir uns geschworen.

Wir schworen es bis kurz nach Neujahr 1954, als uns Miss Eberts aus dem Adoptionsbüro ein sieben Monate altes, blauäugiges kleines Mädchen mit vielen Glückwünschen in die Arme legte. Wir nannten sie Betsy.

Während der zweijährigen Wartezeit hatten mir meine Freundinnen oft versichert, ich hätte es am allerbesten getroffen: Kein Sodbrennen, keinen Bauch, den man kaum hinter das Steuerrad kriegt, keine Fruchtblase, die mitten in der Nacht platzt. Ich brauchte nur ein Päckchen aufzumachen, das Breichen ein- und das Ganze mit viel Liebe umrühren und, voilà, schon war ich Mutter.

Aber ich weiß noch gut, daß ich mich betrogen fühlte. Mir fehlte die Erfahrung dieses herzzerreißenden Augenblicks, wo mir der Arzt mitteilte: »Sie sind schwanger.« Mir war der wundersame Augenblick entgangen, wo Eltern die Bewegungen ihres Kindes zum ersten Mal spüren und man zusammen mit seinem Mann die Hand auf den Bauch legt, um die nächste Bewegung abzuwarten. Und wir hatten uns auch nie sehnsüchtig fragen können, wem von uns beiden das Baby wohl ähnlich sehen würde.

Diesen ganzen Mist redete ich mir ein, damit die anderen dachten, daß ich leide.

Aber all das zählte nicht mehr, nachdem dieses Kind in unser Leben getreten war. Zum ersten Mal fühlten wir uns komplett, und unser Leben bekam endlich einen Sinn. Die eine Hälfte meiner Freundinnen sagte, Betsy sähe mir ähnlich, die andere Hälfte sagte, sie sähe wie Bill aus. Es dauerte etwa zehn Minuten, bis wir uns aneinander gewöhnt hatten.

Innerhalb einer Woche nach ihrer Ankunft stellten wir Wanda und Dwayne in den Schatten. Wie zwei Wilde wühlten wir um vier Uhr morgens im Abfalleimer und suchten den Schnuller, hielten nachts immer wieder einen Spiegel vor ihr Näschen, um uns zu vergewissern, daß sie noch atmete, und staffierten ihr Kinderzimmer mit Sachen aus dem teuersten Kindergeschäft aus.

Um zwei Uhr morgens riefen wir den Kinderarzt wegen Blähungen an. Besuche mußten draußen bleiben und unser Goldkind durch das Hoffenster betrachten. Das Ganze erinnerte an eine Vigilie vor dem Vatikan, um den Heiligen Vater zu sehen. Am Ende des ersten Monats war Band 1 des Babytagebuches abgeschlossen.

Wenn wir abends erschöpft ins Bett fielen, waren wir uns einig, daß Betsy ein unglaubliches Wunder war. Es war ganz bestimmt die schönste Zeit unseres Lebens.

Jeder, der glaubt, ein Kind könne in sein Leben treten und er bliebe derselbe, ist naiv. Unsere Prioritäten waren andere geworden, unsere Tagesabläufe über den Haufen geworfen. Die Frau, die davon geträumt hatte, für die New York Times zu schreiben, hatte nicht einmal mehr Zeit, die Zeitung zu lesen. Der Mann, den man morgens nur mit dem Warnschrei »Es brennt!« aus dem Schlaf reißen konnte, sprang aus dem Bett, sobald er einen Schluckauf aus dem Kinderzimmer hörte.

Langsam stellte es sich heraus, daß das Kind immer mehr zum ausschließlichen Mittelpunkt unseres Lebens wurde. Wir erlagen dieser Kinderzimmer-Mentalität, der alle frischgebackenen Eltern erliegen.

Die Richtlinien, wer was zu tun hatte, wurden früh festgelegt. Bill war der Daddy, und an ihm war es, jeden Tag in die rauhe Welt hinauszugehen und zu arbeiten, damit der Kinderbrei auf dem Tisch stehen konnte, und mir als Mutter oblag das Haus und alles, was sich darin befand.

Aber etwas störte mich bei alledem. Obwohl ich ununterbrochen arbeitete, wurde die Liste mit den unerledigten Dingen immer länger. Als ich schließlich eines

ÄSCHE
KLA
Kind und DU

Nachts völlig erschöpft ins Bett sank, fragte ich: »Warum teilen wir das unglaubliche Wunder nicht zwischen uns auf?«

»Wovon redest du?« fragte Bill schläfrig.

»Welchen Teil des Babys möchtest du? Den oberen oder den unteren?«

»Man kann doch ein Baby nicht zerteilen!«

»Kann man freilich«, gähnte ich. »Möchtest du den oberen Teil, dann mußt du sie alle drei Stunden füttern, oder den unteren, wo man alle drei Minuten die Windeln wechseln muß?«

»Das ist doch nicht dein Ernst?« sagte er.

»Mein tödlicher Ernst!«

»Okay«, meinte er widerstrebend, »also dann oben. Aber nur, wenn ich zu Hause bin.«

Also eigentlich hatte ich da gar keinen so schlechten Schnitt gemacht. Sicher, ich hatte den undichten Teil und die Beinchen, die nicht zu bändigen waren, aber er kriegte den Teil, der ihm jede Nahrung, die ihr nicht schmeckte, ins Gesicht spie und dann die Gutscheine für jeden ausgefallenen Zahn, das Hafermehl im Haar, die vielen »Warum?«, das Auffahren mitten in der Nacht und das Beenden von Ferngesprächen, die sie zufällig angewählt hatte.

Wir drei hatten nie denselben Rhythmus. Wenn Bill und ich arbeiteten, einkauften, kochten und umherrannten, lag sie in tiefem Dauerschlaf. Wenn wir erschöpft schliefen, warf sie sich in ihrem Bettchen herum, war naß, hatte Durst oder Hunger oder beides.

Immer, wenn wir wach waren, mußten wir Fläschchen sterilisieren, wärmen, Windeln wechseln, saubermachen, Bäuerchen machen lassen, wiegen und herumrennen. Das war unser Schicksal, dazu hatten wir uns verpflichtet.

Als wir uns endlich mal entschlossen, sie am Sonntag

zu Mutter mit zum Abendessen zu nehmen, ging es zu wie bei einer Safari. Das Auto war gestopft voll mit Kinderwagen, Töpfchen, Eßtischchen und Gummitieren fürs Badewasser, mit Schachteln voller Baumwollbälle, Windeln, Puder, Lotionen, Beißringe, Spielzeug, Schnuller, mit Sterilisierapparat, Flaschen, Babynahrung, Nachttischlämpchen, Bettlaken, Wäsche zum Wechseln, Babykleidung und einer kleinen Auswahl an Fachliteratur.

Wie Bill und ich aussahen und wie wir lebten, schien überhaupt keine Rolle mehr zu spielen. Wie weit das ging, wurde mir schlagartig eines Nachmittags klar, als ich bemerkte, daß von keinem von uns beiden mehr irgendwas irgendwo im Haus war. Unsere Hobbys und Interessen waren in Umzugskartons verstaut und auf den Speicher verfrachtet, unsere Lieblingsbücher durch Dr. Spocks gesammelte Werke verdrängt. Wir selbst besaßen nichts mehr zum Spielen, wie etwa Tennis- oder Golfschläger. Statt dessen gab es Mobiles, an denen man sich den Kopf, und Schaukelpferde, an denen man sich das Schienbein stieß. Sogar unser Hochzeitsfoto war durch ein silbergerahmtes nacktes Baby ersetzt worden.

Was war mit den beiden jungen Leuten los, die sich gerne Popcorn gemacht, Scrabble gespielt und einander ins Ohrläppchen gebissen hatten? Sie standen im Badezimmer und bejubelten die Darmtätigkeit ihres Kindes, das war's.

Ich entwickelte einen Grad von Erschöpfung, der mir auf diesem Gebiet – wenn es das gegeben hätte – einen Doktorgrad eingebracht hätte. Wenn wir es uns hätten leisten können, hätte ich jemanden angestellt, um für mich zu kauen. Aber als unverbesserlicher Optimist rechnete ich damit, daß die Aufzucht von Kindern ein befristetes Unternehmen sei.

Noch ein bis zwei Jahre, dann würde das Kind die Nacht durchschlafen, sich selbst die Türen aufmachen, sich allein unterhalten und im Laufe der Zeit sich sogar selbst das Fläschchen machen. Ich stünde dann höchstens noch für die Implantation des Schnullers zur Verfügung.

Dann würden Bill und ich uns wieder unserer Ehe widmen können, die zum gegenwärtigen Zeitpunkt so herzlich war wie die Geschäftsbeziehung zweier Kollegen, die gemeinsam an einer wissenschaftlichen Ausstellung arbeiten.

Als ich diese Überlegungen, daß meine Aufgabe in ein bis zwei Jahren getan sei, meiner Mutter mitteilte, hatte sie dieses milde Lächeln um den Mund, das ich schon immer gefürchtet habe.

»Wir werden ja sehen«, sagte sie.

Das versetzte mich in äußerste Unruhe. Dasselbe hatte sie zuletzt gesagt, als jemand die Bemerkung machte, wir Amerikaner würden niemals in den Zweiten Weltkrieg eintreten.

»Wieviel Glück können wir finanzieren?«

Unser unglaubliches Wunderkind war dreizehn Monate alt, als ich merkte, daß ich schwanger war. Fragen Sie mich nicht, wie das passiert ist. Entweder hatten sich die Ärzte, die behauptet hatten, ich würde nie ein Kind bekommen können, geirrt, oder ich war einfach so aufgegangen wie ein Ballon.

Die Wartezeit bei der Adoption war wirklich nervenaufreibend gewesen. Aber meine Freundinnen hatten recht gehabt. Die Wartezeit war nichts im Vergleich zu einer echten Schwangerschaft.

Schon in der sechsten Woche brauchte ich Umstandskleider. Der Körper, der immer so strammgestanden hatte wie ein Soldat bei der Parade, sah jetzt wie ein Soufflé aus, das man zu früh aus dem heißen Ofen geholt hatte. Wo die Haut nicht herunterhing, war sie geschwollen. Jeden zweiten Tag entdeckte ich eine neue Verschlechterung. Wenn ich versuchte, den Bauch einzuziehen, passierte absolut nichts. Morgens war mir schlecht, meine Füße waren geschwollen, ich hatte Wadenkrämpfe, Sodbrennen und Stuhl-Paralyse (letzteres ist die totale Unfähigkeit, von einem Stuhl, auf den man sich gesetzt hat, wieder aufzustehen). Meine Haare hielten nicht, und meine Blase schrumpfte auf Linsengröße.

Mein Ehemann sagte, ich sei die schönste Frau, die er je gesehen habe. Großartig! Ich würde also bald nicht nur zwei Kleinkinder unter zwei Jahren in einem Haus von der Größe einer Telefonzelle haben, sondern auch noch einen Mann, der eine Schraube locker hatte.

Trotz alledem war es eine wunderbare Zeit. Wir liebten Babys und priesen uns selig, sie zu haben. Außerdem befindet sich eine Frau, die geboren hat, im Nirwana. Vierundzwanzig Stunden lang (oder dreißig Tage, das hängt davon ab, wie gut man ist) ist man eine lebendige Heilige.

Du hast deinem Mann das allergrößte Geschenk gemacht, der nun alles, was er dir gegeben hat, zurücknimmt, zu Geld macht und dieses Geld anlegt. Du hast die wildesten Racheträume deiner Mutter gestillt, deinem Vater ein Foto für die Geldbörse verschafft. Du hast genügend Pluspunkte für zwei Pelzmäntel, eine Quarzuhr und eine Reise nach St. Moritz im Januar. Einem Mann ein Kind zu schenken, ist fast so verdienstvoll wie Migräne.

Wir nannten das Baby Andrew, und als wir es nach Hause brachten, stand die Nachbarschaft mit Palmwedeln und Autohupen auf der Straße. Fünf Autos parkten in der Auffahrt und erwarteten seine Ankunft – sie gehörten den Großeltern und Freunden. Andrew schlief in seinem Körbchen in unserem Schlafzimmer, drei Leute beobachteten, ob sein Atem ging, der Rest der Gesellschaft versammelte sich um mich und feierte mich wie einen Rockstar.

Aus dem Nichts tauchte warmes Essen auf, Freundinnen zirpten: »Wir müssen uns bald sehen!« Die beiden Großelternpaare flehten uns an, auf die Babys aufpassen zu dürfen, wenn wir ausgehen wollten.

Wir haben danach keinen mehr gesehen.

Unsere Ehe verkam zu Routine und Berechenbarkeit. Die Wartung zweier Kinder war anstrengend. Ihre Zähne wuchsen nicht richtig. An ihren Füßen drehten sich die Zehen nach innen. Nach dem Genuß billiger Nahrungsmittel bekamen sie Allergien. Wenn sie das Spielzeug, das sie auf dem Bildschirm gesehen hatten, nicht kriegten, stieg ihr Blutdruck in unverantwortliche Höhen. Sie waren wie Haushaltsgeräte. Sie gingen nur am Wochenende kaputt, wenn die Reparaturkosten höher waren.

Wir beteten sie an, aber andererseits waren sie das Segelboot, das wir gern auf dem Eriesee gehabt hätten…, unsere Reise auf die Bahamas, die wir machen wollten, sobald wir ein bißchen Geld zur Seite gelegt hatten…, der kleine zweisitzige Sportflitzer, der uns zehn Jahre jünger gemacht hätte…, das Traumhaus, das wir uns so sehnsüchtig wünschten, mit zwei Badezimmern.

Als Andrew drei Jahre alt war, merkte ich, daß ich wieder schwanger war. Meine Freundinnen sagten: »Bring's hinter dich, bevor du wieder deine alte Figur hast und solange du noch den Hautausschlag an den Händen hast.«

Die Problematik einer ungeraden Zahlenverteilung in der Familie blieb mir nicht verborgen. Unser Eßtisch hatte nur vier Stühle. Wo sollte das dritte Kind sitzen? In jeder Packung waren nur vier Schokoladeriegel, wer würde leer ausgehen? Und auf dem Rücksitz des Autos gab es nur zwei Fenster. Ich würde im Leben keine ruhige Minute mehr haben.

Aber nicht nur das. Die Kinder hatten die Mehrheit. Bei Abstimmungen würde es immer zwei Erwachsene gegen drei Kinder stehen. Wir würden überstimmt werden bei dem Kauf eines jungen Hundes, der an Stuhlbeine zu pinkeln pflegt, bei Filmen, die wir uns im Fernsehen ansehen wollten, und bei Ferienzielen. Als Eltern befanden wir uns in der Verliererposition. Uns war die Kontrolle entglitten, wir waren eine Minderheit in unserer eigenen Familie.

Die Heimkehr aus dem Krankenhaus mit Matthew war übrigens weniger triumphal als beim ersten Mal.

Mutterglück

Eine angesäuerte Babysitterin verlangte Kampfzulage dafür, daß sie bei den beiden anderen Schreihälsen ausgeharrt hatte. Sie hatten in der Zwischenzeit eine Cola-Popcorn-Diät gemacht. Der Hund war trächtig und jagte Autos. Das ältere Kind kaute Fingernägel, das mittlere spuckte, und meine Mutter gab mir den Rat, mich viel mit ihnen zu beschäftigen, weil sich sonst die Sozialfürsorge ihrer annähme. Ich hatte gerade einem sieben Pfund und zwölf Gramm schweren Kind das Leben geschenkt und war meinerseits vier Pfund schwerer als nach der Entbindung.

Nichts in unserem Eheleben sollte jemals derartige Auswirkungen haben wie die Ankunft der Kinder. Wir fünf sollten uns die gleichen Krankheiten, Verwandten und Zahnpasten teilen. Wir würden nie einer Meinung sein. Wir würden uns Türen vor der Nase zuwerfen, uns belügen, um zu erreichen, was wir wollten, einander trösten, voreinander Naschereien verstecken und voneinander Zinsen verlangen für geliehenes Geld. Wir würden aus demselben Topf essen. Wir würden uns den Rest unseres Lebens bemühen, einander Freude zu machen.

Die Intimität, die ein Ehepaar a.k.n.* genießt, existierte nicht mehr. Es gab keine Schilder wie »Betreten verboten« oder »Privat«, die beachtet worden wären. In der Mitte unseres Lebens gab es jetzt eine Tür, durch die die Kinder jederzeit kommen konnten, beim Sex, beim Duschen, bei Telefongesprächen, während des Mittagsschlafs oder in den Ferien. Die Kinder hatten unser Leben vollkommen verändert. Ich war nicht mehr »Erma«, ich war die Mutter von... Und wie jede x-beliebige Frau bügelte ich nachts um elf Uhr die Hemden meines Mannes und machte ihm die Lunchpakete.

Nicht-berufstätigen Frauen obliegt 90 Prozent der Er-

* ante Kinder natum: bevor die Kinder da sind

ziehung. Die Väter spielen nur eine Nebenrolle, sie kommen zu Hause vorbei. Der Vater macht die Fotos, weil er den Film einlegen und herausnehmen kann. Er hat keine Angst, allein in den Keller zu gehen. Er spannt die Wäscheleine. Und was die Erziehung der Kinder betrifft, so kommt er jeden Abend nach Hause und wirft sie hoch an die Decke, bis sie außer Rand und Band sind.

Meine Träume verbarg ich damals im hintersten Winkel meines Herzens, denn das war der einzig sichere Platz im ganzen Haus. Von Zeit zu Zeit kramte ich sie hervor und spielte mit ihnen, getraute mich aber nicht, sie irgend jemand mitzuteilen, denn sie waren sehr zerbrechlich und konnten leicht kaputtgehen.

Ich hätte gern wieder geschrieben. Aber wenn dieser Versuch scheiterte, dann hatte ich ja nicht mal mehr einen Traum.

Vielleicht war alles, was ich konnte, Mutter sein. Ich entfernte Flecken, machte die Toiletten sauber, jagte Silberfischchen, polierte Schuhe, säuberte Ohren, pflanzte Bäume, blies Luftballons auf, schleppte Lebensmittel heim, hielt die Waschmaschine in Gang, gab Ratschläge, erließ Verbote, hörte zu, schlichtete Streit, ging ans Telefon, richtete was aus, übernahm freiwillige Aufgaben, schnitt Fußnägel und kämpfte um die Einhaltung häuslicher Regeln. Ich konnte alle Strophen der Vogelhochzeit. Eine imposante Liste, nicht wahr?

Und dennoch: Warum fühlte ich mich so restlos erfüllt, wenn ich drei Kinder in saubere Bettchen legte? Und wenn es doch die allerwichtigste Aufgabe meines Lebens war, drei Kinder aufzuziehen, ihnen Wertvorstellungen zu vermitteln und sie zu tüchtigen Menschen zu machen? Wenn das so wäre ... warum sagte es mir dann niemand?

Bill und ich waren nicht einzigartig. Von 1949 bis 1965 gebar unsere Generation 77 Millionen Kinder, eine beachtliche Zahl, die diese Kinder mit der Bezeichnung »Baby Boomer« stempelte. Elternschaft war von ungeheurer Wichtigkeit für alle Bereiche der Gesellschaft, angefangen von Schulen, über die medizinische Versorgung, Handel und Banken, bis hin zu Moral und Bauwirtschaft. Der Bauwirtschaft vor allem.

Wir hatten so lange auf Kinder gewartet, daß wir nun das Gefühl hatten, auf eine Goldader gestoßen zu sein. Nie war unser Leben reicher gewesen. Bill witzelte, daß wir auf dem besten Wege seien, uns zwölf Apostel anzuschaffen. Nun ja, Andreas und Matthäus hatten wir schon.

Ich schaute mich in unserem Vier-Zimmer-Haus um, in dem die Kinder wie aufgeschichtete Holzbündel untergebracht waren. Wenn ich noch zwei mehr von Simon, Johannes, Philippus, Bartholomäus, Thomas, Thaddäus, Judas und Jakob das Leben schenkte, hätte ich sie in Käfigen an die Decke hängen müssen.

»Wir brauchen mehr Platz«, sagte ich. »Ich finde, es ist Zeit, daß wir das Ei aufschlagen, auf dem du seit deiner Entlassung aus der Army sitzt.«

»Das reicht nicht«, sagte Bill.

»Dann müssen wir uns was leihen.«

»Ich weigere mich, noch mal was von den Eltern zu borgen«, entgegnete er leidenschaftlich. »Kaum betreten wir ihr Haus, verwandeln wir uns in Schulkinder.«

»Was können wir denn sonst machen?« fragte ich. »Eine Bank ausrauben?«

»Dazu sind wir zu ungeschickt. Du könntest auf die Straße gehen und deinen Körper verkaufen.«

»Vergiß es, dazu bin ich zu müde«, sagte ich.

»Deine Eltern haben uns Hilfe angeboten.«

»Weiß ich. Aber dann müssen wir uns das Gerede von Spare-in-der-Zeit-so-hast-du-in-der-Not anhören.«

»Entweder das oder das, was meine Eltern uns erzählen, daß sie bis zu ihrem 35. Lebensjahr nie ein Kino von innen gesehen haben.«

Wir bogen in die Auffahrt meiner Eltern ein – mit einem Auto, das ihnen gehört hatte, als es noch neu gewesen war. Etwa fünf Minuten blieben wir schweigend sitzen. Ich schaute auf ihr großes Haus, vor dem sich der Rasen mit den in Plastik gehüllten Gartenmöbeln ausbreitete. In diesem Prachthaus gab es zwei Badezimmer (an den Toiletten waren die Deckel heruntergeklappt!), zwei unbenutzte Schlafzimmer, einen unbenutzten Kamin und im Wohnzimmer Sofas, auf denen nie jemand saß.

Es war einfach nicht gerecht. Ich wollte Steaks, solange ich noch Zähne hatte, um sie zu kauen. Ich wollte ausgehen, solange ich noch gehen konnte. Meine Mutter und mein Vater trieben sich an den Stränden von Hawaii herum, während ich die besten Jahre meines Lebens damit verbrachte, auf den Klempner zu warten, der dann doch nicht kam.

Ich atmete tief ein, und dann läuteten wir.

Als wir verlegen bei ihnen am Küchentisch saßen, schenkte mir meine Mutter ein halbes Glas Milch ein und ermahnte mich, nichts zu verschütten. Bill nahm einen Anlauf. »Wir müssen uns 1500 Dollar für ein größeres Haus leihen.« Es war ein bitterer Augenblick. Plötzlich waren wir nicht mehr zwei erwachsene Eltern, nur zwei Kinder, die Vater und Mutter spielten. Immer noch brauchten wir Mamis und Papis Erlaubnis, ihren Segen und ihr Geld, um überleben zu können.

In Reichtum und Armut

Eines Abends schaute ich mir gerade die alte Bob Newhart Show an, wo Bob eben in seine typische Bilanzkluft schlüpfte: einen sackartigen Pullover über kurzen Sporthosen, gekrönt von einer halben Lesebrille, die am Ende seiner Nase saß.

Arme Emily. Sie wußte es zwar nicht, aber wir waren mit demselben Mann verheiratet. Jedesmal, wenn Bill den Eßtisch abräumte und in einem alten Pullover mit Flicken an den Ärmeln erschien, fühlte ich mich wie die Mafia bei der Rechnungsprüfung.

Während Bill die Überweisungsdurchschriften durchging und jede Überweisung auf den Kontoauszügen abhakte, hielt er von Zeit zu Zeit inne und fragte mich etwas.

»Stammt das mit Bleistift geschriebene n. a. im Kontobuch von dir? Was soll das heißen?«

»Es heißt ›nicht abgeschickt‹, kannst du also unter Haben verbuchen und nicht unter Soll.«

»Aha … und s. n.?«

»Bist du sicher, daß ich das geschrieben habe?«

»Es ist mit blauem Eyeliner geschrieben«, erwiderte er trocken.

»Es soll ›sieh nach‹ bedeuten. Ich muß die Überweisung irgendwo haben. Einen Augenblick!« Ich kippte den Inhalt meiner Handtasche auf den Tisch, ein weißer Pfefferminzdrops rollte über die Tischkante. »Hier, da haben wir sie ja. Überweisung Nr. 936 über 10.85 Dollar.«

»Laß sehen!«

»Vielleicht ist es aber auch Überweisung Nr. 1085 über 9.36 Dollar.«

Bei uns war ich der Kontoverwalter. Fragen Sie mich nicht, warum. Denn auf jede Frau in meiner Lage, die sich darüber beklagte, daß immer sie alle Rechnungen bezahlen muß, trafen zehn Frauen, deren Männer ihnen Bargeld zuteilten, wie man einem Zehnjährigen, der eben Rasen gemäht hatte, Taschengeld gibt.

Einige Frauen legten sogar heimlich Geld beiseite, das sie in leeren Alka-Selzer-Röhrchen hinter den dicken Decken im Wäscheschrank versteckten und mit dem sie irgendwann durchzubrennen hofften.

In unserer Ehe spielte es keine Rolle, ob wir ein oder zwei Konten hatten. Wir brachten sowieso alles auf die Bank, was wir hatten, damit ich es ausgeben konnte. So kam ich ganz gut zurecht.

Was nicht gutging, war, das Geld zusammen mit meinem Mann auszugeben. Wenn ich mit ihm einkaufen ging, konnten wir in der darauffolgenden Nacht nur mit weit geöffneten Fenstern schlafen, damit die dicke Luft zwischen uns abzog.

Das Problem lag offenbar an unserer unterschiedlichen Auffassung von Einkaufen. Ich kaufte in Eile und bereute in Ruhe. Er kaufte, als sammle er Daten für eine Dissertation.

Während Bill über den Kontoauszügen brütete, machte er von Zeit zu Zeit eine Pause, um seine Brille abzunehmen und sich die Augen zu reiben. Dann setzte er die Brille wieder auf und tippte erneut eine Reihe von Zahlen in den Taschenrechner. »Diese Überweisung hast du ausgestellt, das ist doch dein o. k.?« sagte er und hielt mir den Auszug unter die Nase.

»Ja.«

»Gehe ich recht in der Annahme, daß du damit bestätigst, daß wir das Geld haben?«

»O. K. steht für ›Offenes Konto‹. Ich habe eine Anzahlung gemacht für einen Vorhangstoff, wollte es mir aber noch überlegen. Du glaubst doch nicht im Ernst, daß ich 35 Dollar pro Meter für Vorhangstoff ausgebe, oder?«

»Bestimmt nicht ...«

»Also rechne es mal dazu«, forderte ich ihn auf.

Für gewöhnlich sah ich am Ende des Abends den Rechnungsstreifen vom Tisch herunter über den Boden an der Wand hochklettern. Das Konto war im Minus, es würde unser ganzes Leben lang im Minus bleiben, und deshalb mußte es gekündigt werden. Bill pflegte sich dann immer zu mir umzudrehen und zu verkünden: »Du mußt wieder eine neue Bank suchen.«

Wenn er das sagte, ging es mir immer gut. Es war, als hätte einem der liebe Gott noch mal eine Chance eingeräumt. Es ist jedesmal etwas Erhebendes und Bereinigendes, wenn man eine unbekannte Bank betritt, wo sie einen noch nicht kennen und deshalb anlächeln und fragen: »Können wir Ihnen behilflich sein?«

Ein neues Konto zu eröffnen ist wie noch einmal in den Stand der Unschuld treten. So müssen sich Adam und Eva gefühlt haben, als sie nackt im Paradies standen ... voller Staunen und Erwartung.

Ich hege immer die Hoffnung, daß die Angestellten der neuen Bank Sinn für Humor haben, gerade so wie der Bankdirektor in der Werbung, dem man einen vertraulichen Stups geben und fragen kann: »Verstehen Sie Spaß? Wo kriege ich 5000 Dollar her?«

Ich möchte das Gefühl haben, daß sie Verständnis für menschliche Schwächen haben, wie etwa den Umstand, daß man eine 7 schon mal mit einer 2 verwechseln kann, oder Bemerkungen wie »Um Gottes willen nicht vor dem 15. abbuchen!« mit verständnisvollem Lächeln konstatieren.

Eine neue Bank versetzt mich jedesmal in einen Zustand freudiger Erregung, aber dieser Zustand reichte auch nicht entfernt an die Euphorie heran, in der ich mich befand, als ich meine erste Kreditkarte unterschrieb. Das Prinzip, auf dem das Scheckwesen beruht, verstand ich. Für jeden Dollar, den man auf einen Scheck schreibt, sollte man einen Dollar auf dem Bankkonto haben.

Aber wie das mit den Kreditkarten funktioniert, habe ich nie begriffen. Ich wußte nur, daß es etwas Magisches war und daß ich das Haus nie mehr ohne Kreditkarte verlassen würde.

Viele Ehen zerbrechen an Kreditkarten. Geduld ist keine Tugend mehr, denn wenn man etwas sofort haben will, gehört es einem auch schon – wenn auch mit Wucherzinsen.

Nach einigen hemmungslosen Einkaufsbummeln, bei denen ich Schulden machte, die das Staatsbudget von Brasilien, Tokio und Australien zusammen überstiegen, warf sich Bill eines Abends in seine Bilanzkluft und zitierte mich an den Eßtisch. »Kennst du San Quentin?« fragte er.

»Nur von Bildern.«

»Du wirst es bald von innen kennenlernen, wenn du weiter ungedeckte Schecks ausschreibst. Wo ist das Scheckbuch?«

»Ich hab es wieder verlegt. Vielleicht könnte ich ein Konto bei einer anderen Bank eröffnen?«

»Hier gibt es keine ›andere‹ Bank mehr. Wir müßten schon in eine andere Stadt ziehen, um noch eine andere Bank zu finden. Das einzige, was uns übrigbleibt, ist, auf unsere Bank zu gehen und die Karten auf den Tisch zu legen.«

»Nein«, sagte ich, »ich verdiene keine weitere Chance mehr. Ich kann nicht mit Geld umgehen, und Buchhaltung kann ich schon gar nicht. Mir wäre es ganz recht, wenn du mir das Scheckbuch abnähmst und ich jedesmal, wenn ich einen Scheck brauche, zu dir kommen müßte.«

»Willst du das wirklich?«

»Ja.«

Ein paar Wochen danach fand ich mein Scheckbuch auf der Kommode unter dem Band »Vernünftiges Haushalten« wieder. Ich war außer mir vor Freude. Als ich es Bill erzählte, sagte er: »Das Konto besteht nicht mehr. Ich habe es aufgelöst.«

»Was meinst du mit ›aufgelöst‹?« fragte ich.

»Du hast doch selbst gesagt, daß ich die Finanzen in die Hand nehmen soll«, sagte er.

Wenn das kein Vollidiot ist! Da ist man so viele Jahre mit einem Mann verheiratet und meint, er kenne seine Frau. Ich hätte wohl besser in sein neues Scheckbuch n. e. W. an den Rand schreiben sollen – nur ein Witz.

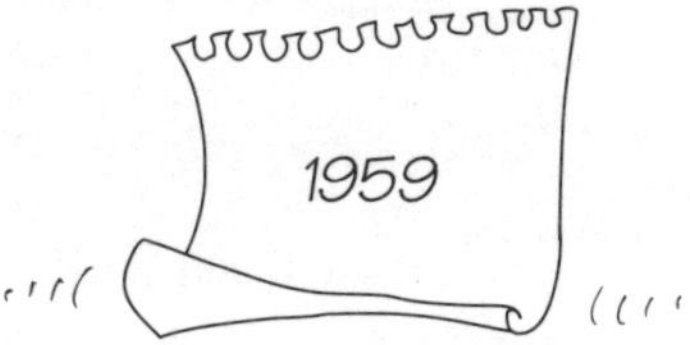

Klassentreffen

Der Saal war zu groß für diesen Anlaß.

Alle Luftballons und Papierschlangen der Welt hätten ihn nicht gemütlicher machen können. Kleine Tische und Stühle reihten sich wie verlorene Rettungsboote an den Wänden. An einem Ende stand das obligatorische Büfett mit Punschbowle und Häppchen. Am anderen Ende schrubbte eine fünfköpfige Band unter dem großen Spruchband »WILLKOMMEN ZUM TREFFEN DES JAHRGANGS 1949«.

Bill und ich blieben in der Tür stehen, um alles in Augenschein zu nehmen. »Merk dir das«, sagte ich. »Wenn du den Eindruck hast, es könnten zuwenig Leute zu meinem Begräbnis kommen, dann brauchst du bloß eine Telefonzelle für die Trauerfeier zu mieten, und schon sieht es gut besucht aus.«

»Wer sind diese Leute?« fragte er.

Ich zuckte die Achseln.

»Ich hätte das Jahrbuch studieren sollen«, murmelte er. »Du weißt ja, wie miserabel mein Namensgedächtnis ist.«

»Ich hab' da einen hunderprozentigen Trick«, sagte ich. »Du brauchst nur zu sagen: ›Erma, ich möchte dir ...‹ und dann zu warten, bis sie sagt: ›Cindy, Cindy Johnson‹, und darauf sagst du: ›Wußte ich's doch! Ich konnte mich bloß an deinen Ehenamen nicht mehr erinnern.‹ Das funktioniert immer.«

Ein Mitglied des Organisationskomitees drückte mir

einen Sticker auf den linken Busen. »Und wie nennen wir den anderen?« fragte ich lachend. Sie fand es gar nicht lustig.

Es war ein großer Fehler, zu dieser Feier zu gehen. Klassentreffen sind wie Zeugnisse, mit denen im Abstand von zehn Jahren der persönliche Fortschritt bewertet wird. Sie sind wie Pferderennen, bei denen alle auf den Startschuß hin losrasen und wo man in selbstquälerischer Spannung darauf wartet, wer als erster durchs Ziel geht.

Eine unbekannte Person pflanzte sich vor Bill auf und lächelte. Er lächelte zurück und sagte: »Erma, ich möchte dir ...« und wartete auf das Stichwort.

»Schwester Maria Elisabeth«, sagte seine ehemalige Klassenkameradin.

»Wußte ich's doch! Ich konnte mich bloß nicht mehr an deinen ... ich konnte mich bloß nicht mehr daran erinnern, warum du nicht geheiratet hast«, stotterte Bill.

Wer kam überhaupt zu solchen Schwachsinnsveranstaltungen?

Versicherungsvertreter vielleicht. Sie rechnen sich aus, daß ein Klassentreffen für 500 Kundenverbindungen gut ist.

Die wohlbekannten Stimmungskanonen tauchen auch immer auf. Besonders die, deren Oberweite ihren IQ um 35 Punkte übersteigt.

Ich weiß wirklich nicht, was ich mir nach diesen zehn Jahren erwartet hatte.

Wir waren immer schon eine stinklangweilige Klasse gewesen. Über uns gähnten die Lehrer im Lehrerzimmer und bedauerten, uns auf die Gesellschaft loslassen zu müssen.

Wir protestierten gegen nichts ... nicht gegen den Krieg, nicht gegen die Außenpolitik, nicht einmal dagegen, daß es auf dem Schulgelände nur 15 Parkplätze für 1500 Schüler gab.

Wir waren ein Versagerverein von A bis Z. Das Sportfest legten wir auf den Karfreitag. Als Klassensprecher wählten wir jemand, der von der Schule flog. Wir stifteten der Schule einen Brunnen, der vor sich hin rostete. Und wir waren so rechtschaffen, daß wir unseren Biologielehrer, als er auf dem Abschlußball ausflippte und mit der Studienberaterin durchbrannte, suchten und wieder zurückbrachten.

Wer von uns was wurde, war so vorhersehbar wie das Amen in der Kirche. Der Klassenclown ging in die Gemeindepolitik, und das Mädchen, das am ehesten nach ... aussah, schlug genau diese Laufbahn ein.

Wir waren die Generation, die zu spät geboren war, um sich einen Millionär zu angeln, und zu früh, um selbst ins Rampenlicht zu treten.

Den ganzen Abend über hatte ich das unangenehme Gefühl, daß unsere Klassenkameraden mehr über Bill und mich herausbekamen, als uns lieb sein konnte.

Ahnten sie, daß wir Punkt 12 gehen mußten, weil unser Babysitter nach Mitternacht 75 Cent mehr pro Stunde verlangte?

Ahnten sie, daß ich eine miese Mutter war, die mit ihren kranken Kindern erst nach dem 15. zum Arzt ging, weil wir erst am 15. des Monats Gehalt kriegten?

Merkten sie, daß ich raumfüllend gewesen wäre, hätte ich mich nicht in ein Korsett gezwängt?

Ob sie wußten, daß Bill in den Weihnachtsferien Post austrug, obwohl er den Magister in Pädagogik hatte?

Die meisten meiner Klassenkameradinnen waren verheiratet, und wenn man nur das leiseste Interesse zeigte, kramten sie ihre Taschenfotoalben hervor, die sich wie eine Ziehharmonika auffalteten.

Sie waren durchschnittlicher als jeder Durchschnittsbürger. Die Statistik besagte, daß eine Ehe durchschnittlich nach sechseinhalb Jahren wieder geschieden wird.

Dann läuft die Glücksgarantie plötzlich aus. Man konnte sich gut denken, warum.

Nach 78 Monaten hatte die junge Ehefrau 5408 Mahlzeiten zubereitet, so gut oder so schlecht, wie sie die übrigen 10 000 zubereiten würde. Man kannte die ganze Verwandtschaft – auch die, die nicht bei der Hochzeit gewesen waren – und wußte, wem man niemals Geld leihen durfte.

Die Masken waren gefallen. Das Sozialverhalten wurde abgelegt. An Höflichkeit nicht einmal mehr gedacht. Er ließ seine Unterhosen und Socken vor dem Bett liegen. Sie hinterließ Zahnpastaspuren am Zahnputzglas, er machte sich bei Tisch die Fingernägel sauber. Bei ihr konnte man schon nicht mehr von Nase putzen reden, sie räumte ihre Nase aus.

Nach 78 Monaten ist die Aussteuer schäbig geworden und aufgebraucht. Unter dem durchsichtigen Nachthemd trägt man Unterwäsche und dazu Wollsocken. Die Hochzeitsfotos vergilben dem Fotografen zuliebe, der ja auch von etwas leben will.

Außerdem sind da im allgemeinen Kinder, die jede wache Minute beanspruchen und nicht wenige der Nachtruhe.

Die gegenseitige Zuneigung ist so leidenschaftlich wie die Begegnung zweier Schlaftabletten.

Es war etwas Trauriges an diesem geregelten bürgerlichen Leben. Wie hatte ich doch immer das Klassenflittchen Janice bewundert! Sie pflegte nach der Mittagspause zu verschwinden, um sich mit einem Lehrer auf dem Friedhof hinter der Schule zu treffen. Bei einem dieser Treffen soll sie etwas angehabt haben, auf dem sich spiegelverkehrt die Grabsteininschrift »Unserer geliebten Mutter 1853–1926« abgedrückt hatte, aber das halte ich für ein Gerücht.

Janice, die dem Markenzeichen »Made in America«

zu neuer Bedeutung verhalf, war verheiratet und brachte ihren Gatten, einen Wirtschaftsprüfer, mit zum Klassentreffen.

Wir hatten allesamt das gemacht, was man von uns erwartet hatte.

Jetzt kam die Preisverleihung, nach dem Trommelwirbel bat die Sekretärin um unsere Aufmerksamkeit. Darlene bekam den ersten Preis, weil sie die meisten Kinder hatte. Sie war Mutter von sechs Gören und gewann einen Minigolfschläger. (Großartiges Geschenk für eine Frau, die seit zehn Jahren nicht mehr auf ihre eigenen Füße gucken konnte – und schon gar nicht auf eine Minigolfbahn.)

Ted, der in Chicago lebte, gewann einen Füller und einen Drehbleistift, weil er die weiteste Anreise gehabt hatte. Und Janice, mein Idol, wurde mit einem Essen für zwei ausgezeichnet, in Rubys Steakhouse, weil niemand sie erkannt hatte. (Vermutlich, weil sie sich nicht in der Horizontalen befand.)

Es war schön, ein paar Stunden lang in Vergangenheit zu schwelgen. Wir erinnerten uns dieser Vergangenheit als der guten Jahre ohne Verantwortung und mit verheißungsvoller Zukunft.

Wir belogen uns gegenseitig mit unserem begeisterten »Du hast dich überhaupt nicht verändert!« Denn wir wußten alle Bescheid. Nicht nur, daß die Frauen ein bißchen dicker um die Taille geworden waren und die Männer ihre Haare kunstvoll über die kahlen Stellen auf dem Kopf drapiert hatten. Wir hatten uns verändert. Das Paar, das früher in ein Autokino fuhr, so eng aneinandergeschmiegt, daß kein Sonnenstrahl dazwischen Platz gehabt hätte, saß jetzt weit auseinander am Tisch. Er erzählte, wie er am vergangenen Wochenende die Reifen ausgewechselt hatte, und sie tauschte Kochrezepte mit ihrer Freundin aus.

Im Hintergrund spielte die Band »Stardust«. Zehn Jahre später, und wieder würde Peggy Lee ein Lied singen, dessen Worte genau unsere geheimen Ängste ausdrücken, Zweifel, die wir uns selbst nicht eingestanden: »War das alles? *Is that all there is?*«

Wofür hat man Freunde?

Jeden Tag schlängelten sich Tausende von Autos in einer endlosen Kolonne aus den Städten zum Wallfahrtsort der »Heiligen Mutter der Vorstädte«. In diesem Heiligtum von gigantischem Ausmaß harrten die Ehefrauen mit ihren 2,4 Kindern.

Die Männer besuchten diese Tempel jeden Abend und an den Wochenenden. Hier schöpften sie Kraft für ihre harte Arbeit, hier bekamen sie die Bestätigung ihres Bedürfnisses nach Erfolg.

Aber die Frauen, die ihre Männer am geheiligten Tisch festlich bewirteten, langweilten sich tödlich. Deshalb hockten sie mit ihren Freundinnen zusammen wie in Rettungsbooten auf stürmischer hoher See, während in den Autos die Batterien ausliefen, zu Hause die Windeln vor sich hin stanken, die Betten nicht gemacht und die Rechnungen nicht bezahlt wurden.

Wir verbrachten mehr Zeit mit unseren Freundinnen als mit unseren Ehemännern oder Kindern. Wir teilten einander unsere intimsten Geheimnisse mit, Dinge, die wir den Männern, mit denen wir verheiratet waren, nie gesagt hätten, weil wir wußten, daß sie sie nicht verstanden.

Und wir bemitleideten einander wegen der Lage, in die wir uns manövriert hatten. Ohne diese Freundschaften hätten einige von uns mit Sicherheit Schlagzeilen wegen Gewalttätigkeit gemacht.

Ich wohnte in dem Haus zwischen Helen und Charmaine. Unsere Häuser hatten denselben Grundriß. Uns verbanden neun Kinder, acht Elternfahrdienste und drei Ehemänner, die der Ansicht waren, daß unsere Tage nur aus Kaffeetrinken und Daumendrehen bestünden.

Auf unseren täglichen Therapiesitzungen entdeckten wir, daß sich Männer in der Ehe verändern. Als wir in den heiligen Stand der Ehe traten, waren sie gesellige Wesen. Aber schon einen Tag nach Ablauf der Flitterwochen schlüpften sie in Pantoffeln und Jogginganzüge, und ihre Leidenschaft verkam zu einem Zustand, der irgendwo zwischen Autismus und Koma schwankte.

Wenn wir einmal abends eingeladen waren, ging vorher das große Fragespiel los.

»Wer ist denn auf dieser Party?«

»Kann man da auch irgendwo sitzen und sich unterhalten, oder muß ich nur herumstehen und drei Stunden lang Häppchen aus der Hand essen?«

»Wann sind wir wieder zu Hause?«

»Meinst du, daß es mir wirklich gefallen wird?«

Es gab keinen Zweifel. Mit diesem Mann verheiratet zu sein, war wahnsinnig aufregend.

Es hatte Zeiten gegeben, wo wir zum Tanzen gingen. Ich hatte immer gedacht, es wäre schön für Bill, mich im Arm zu halten und zärtlich in mein Haar zu flüstern. Jetzt bekam ich zu hören: »Es ist so voll hier. Warte doch, bis weniger Leute auf der Tanzfläche sind.«

»*Moon River* ist zu schnell. Laß uns warten, bis sie was Langsameres spielen.«

»Das Stück ist doch schon fast zu Ende. Wir holen es auf der Silvesterparty im nächsten Jahr nach.«

»Wir sind doch erst eine Stunde da. Laß mir doch ein bißchen Gelegenheit, mich zu unterhalten.«

»Warum hast du mir nicht vorher gesagt, daß du tanzen möchtest, jetzt habe ich mein Jackett schon ausgezogen.«

Wir drei grünen Witwen hungerten nach Gesprächen über die Welt da draußen und nach Anerkennung für das, was wir leisteten. In der ganzen Gegend gab es eine einzige Frau, die täglich das Haus verließ und in die Stadt fuhr. Sie hieß Betty und hatte keine Kinder. Wir sahen ihr vom Fenster aus nach, wenn sie in ihrem Sportwagen vorbeirauschte. Wir hatten keine Ahnung, wohin sie fuhr und was sie tat. Wenn jemand neu zuzog, zeigten wir ihm Bettys Haus und erklärten, warum es so besonders sei. Es sah aus wie unsere Häuser, aber es war anders. Da gab es keine matschigen Löcher neben den Abfalltonnen, die davon herrührten, daß die Kinder zu oft über den Rasen trampelten. Bettys Mann hatte einen kleinen Kiesweg angelegt. Der Schnee vor ihrem Haus war nicht von Schlittenspuren zerfurcht oder mit einem einäugigen Schneemann bestückt. Er war makellos wie auf einer Weihnachtskarte. An ihrer Türe hing immer ein Gesteck oder ein Kranz… Mistelzweige in der Weihnachtszeit, Korngarben zum Erntedank, bunte Bänder an Ostern. Wenn bei uns irgendwo etwas hing, waren es höchstens Zettel mit der Aufschrift »DEFEKT«.

Insgeheim waren wir davon überzeugt, daß Betty und ihr Mann zusammen in einer runden Badewanne badeten – bei Kerzenlicht und Champagner. Unsere Männer redeten nichts mehr. Aus meinem bekam ich ungefähr soviel heraus, wie ein Staatsanwalt beim Verhör des Angeklagten.

»Was möchtest du zum Abendessen?« fragte ich Bill.

»Ist mir egal.«

»Es gibt Leber.«

»Leber hasse ich.«

»Ich denke, es ist dir egal. Wenn du vielleicht etwas öfter was sagtest, wüßte ich, was du gern ißt.«

»Was soll ich denn sagen?«

»Liebst du mich?«

»Also, das ist eine Frage!«

»Sag es!«

»Okay, ich liebe dich.«

»Sag es nicht so, als würdest du im Lokal Essen bestellen!«

»Ich liebe dich.«

»Ich glaub's dir nicht.«

Manchmal schien es fast, als wären wir alle mit demselben Mann verheiratet. Alle Männer brachen um vier Uhr morgens in den Urlaub auf. (Wenn es einen Widerspruch in sich gibt, dann ist es »vier Uhr morgens«!)

Keiner konnte zugeben, sich verfahren zu haben, und keiner würde jemals irgendwo irgendwen nach dem Weg fragen.

Ein kluger Mensch hat einmal festgestellt, daß die meisten Ehen daran scheitern, daß sich Männer und Frauen zu den ungünstigsten Tageszeiten sehen. Und zwar nicht gerade von der Schokoladenseite.

Darin steckt viel Wahrheit. Morgens war keiner von uns beiden gut drauf. Und nachts war alles zerknittert ..., unser Gesicht, unsere Nachthemden. Am Abend hetzten wir uns, das Tagwerk zu Ende zu bringen. Und irgendwie waren Ehemänner nie geneigt, ihren Frauen die Anerkennung zuteil werden zu lassen, die sie an ihre Sekretärinnen verschwendeten, wenn die ihnen den Briefmarkenschwamm angefeuchtet hatten.

Ehefrauen empfinden nicht annähernd dasselbe Prickeln, wenn das Auto ihres Mannes vor dem Haus hält, wie im Kaufhaus, wenn ihr Parkschein abgestempelt wird.

Mit Helen und Charmaine konnte ich das alles besprechen. Zwischen uns gab es eine Selbstverständlichkeit und ein Verständnis, das es zwischen meinem Gespons und mir nicht gab. Ich fragte mich, ob Männer auch solche Möglichkeiten besaßen, ihre Gefühle zu äußern. Wurden sie bei ihren Freunden ihre Probleme los, oder saßen sie nur mit ihnen beim Kartenspielen und sagten: »Ich gebe. Was für Karten hast du?«

Bill war mit seinen alten Freunden in Verbindung geblieben, aber falls sie sich etwas anvertrauten und sich persönliche Sachen erzählten, redete er jedenfalls nicht darüber.

Eines Sonntags waren wir bei Ed (unserem besten Freund) und seiner Frau zu einer Grillparty eingeladen. Ed verkündete, er werde nächste Woche wegen einer Herzoperation ins Krankenhaus gehen. Er nahm es leicht, also nahmen wir es auch leicht. Wir würden uns wieder treffen, wenn er die Operation hinter sich hatte und wieder zu Hause war.

Ed kam nie mehr nach Hause.

Einige Stunden nach der Operation starb er im Alter von 33 Jahren.

Bill hatte den Telefonanruf entgegengenommen. Ich stand in der Tür und wußte nicht, was ich sagen sollte. Offenbar merkten wir beide im selben Augenblick, daß keiner von uns je mit einem Schmerz solchen Ausmaßes konfrontiert gewesen war. Wir wußten nicht, wie wir damit umgehen sollten. Bis jetzt hatten unsere Eltern an unserer Stelle getrauert. Wir haben uns von ihnen versichern lassen, daß schon alles wieder gut werden würde. Wenn etwas weh tat, wußten sie ein Heilmittel, angefangen von einem Küßchen aufs Knie bis zu dem Versprechen, ein Eis zu kaufen. Sie hatten uns den Tod mit solchen Patentsätzen wie »Sie hatte ein langes, erfülltes Leben« oder »Er war einfach schon müde und verbraucht« so einfach erscheinen lassen. Womit sollten wir einander bei Ed trösten? Er hatte kein langes Leben gehabt und war auch nicht müde und verbraucht. Er war erst 33 Jahre!

Unsere Altersgenossen durften nicht einfach so sterben. Unsere Großeltern? Natürlich. Unsere Eltern? Vielleicht. Aber doch keiner aus unserer Generation. Wir hatten es nicht nur mit dem Verlust eines der Unsrigen zu tun, sondern auch mit unserer eigenen Sterblichkeit.

Mein Gott! Wir würden nicht ewig leben. Die Jugend war keine Garantie. Hätte uns das nicht jemand vorher sagen müssen? Was hatten wir bis jetzt mit unserem Leben angefangen, wo waren die Jahre geblieben? Lebten wir wirklich, oder lebten wir nur so dahin von Tag zu Tag? Was war wirklich wichtig? Schmutzige Hemden oder ein Gespräch mit dem eigenen Mann? Würde irgend jemand bemerken, daß ich die vielen Bohnerwachsschichten in der Küche abgespachelt hatte, oder würden sich meine Kinder eher einer Mutter erinnern, die nie Zeit hatte, ihre endlosen Geschichten zu Ende anzuhören?

Komischerweise zog es mich bei dieser Nachricht instinktiv zu meinen Freundinnen. Nicht zu Bill, zu meinen Freundinnen. Bei ihnen konnte ich meine Gefühle loswerden. Sie waren tief betroffen, voller Mitleid und sagten das Richtige, aber irgendwie erreichte mich ihr Trost nicht. Ich brauchte Wärme und Nähe.

Zu Hause war es ganz still. Als ich an der offenen Tür unseres Schlafzimmers vorbeikam, sah ich die Silhouette meines Mannes; er saß auf der Bettkante mit hängenden Schultern und gebeugtem Kopf. Er sah so einsam aus, und ich wollte doch den Schmerz mit ihm gemeinsam tragen, aber ich wußte nicht, wie.

Hier saß der Mann, mit dem ich drei Kinder, ein gemeinsames Haus und zwölf Lebensjahre teilte, und dennoch kannten wir einander zu wenig, um zusammen weinen zu können.

Nie zuvor waren wir in unserer Ehe an einen solchen Punkt gekommen. Es war immer wie im Berufsleben gewesen, wo jeder seine Rolle zu spielen hat. Er war der

Versorger, und ich war diejenige, die alles im Haus in Schuß hielt, alles im Griff hatte. Etwas nicht im Griff zu haben bedeutete Schwäche.

Ich wollte die Hand ausstrecken und seine Schulter berühren, statt dessen ging ich weiter. Da brach seine Stimme das Schweigen. »Ed und ich haben miteinander im Sandkasten gespielt, in dem Gäßchen hinter der Garage«, sagte er tonlos.

Ich setzte mich neben ihn auf die Bettkante. »Er hat unsere erste Verabredung arrangiert« fügte ich leise hinzu.

Langsam, scheu, mit tränenüberströmten Gesichtern umarmten wir uns, fast widerstrebend. Keiner wußte, wieviel Kraft er zu geben hatte, aber wir wollten unsere Kräfte miteinander teilen. Wir schenkten einander etwas, was die meisten Freundschaften nicht geben können – wir zeigten einander unsere Verwundbarkeit. In all den gemeinsamen Jahren hatten wir uns eine Geschichte geschaffen und eine so feingesponnene Nähe und Verbundenheit, daß wir selbst nicht einmal darum wußten. An diesem Abend gestanden wir uns ein, daß wir nicht allein hätten leben können. Wir brauchten einander.

An diesem Abend hatte uns Ed zum zweitenmal zusammengeführt. Wäre Bill damals nicht für mich dagewesen oder ich nicht für ihn, dann wäre dieses Buch vermutlich kürzer geworden.

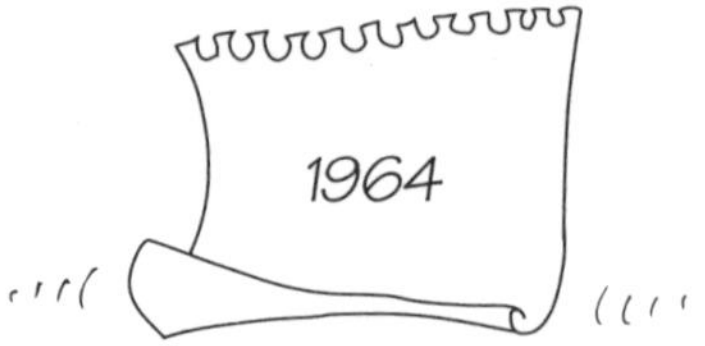

Das leere Nest

Wir schlugen unsere Mantelkrägen hoch, um uns vor der septemberlichen Morgenkälte zu schützen, während wir dicht aneinandergedrängt an der Bushaltestelle standen. Eine junge Mutter fummelte nervös in ihrer Tasche nach einer Zigarette. Die Luft war schwer von Erwartung und Spannung. Niemand sagte etwas.

Ein paar Meter weiter weg stand eine Gruppe Sechsjähriger in den Sachen, aus denen wir eben vorhin noch die Schildchen herausgeschnitten und die Stecknadeln entfernt hatten. Sie hielten nagelneue, glänzende Brotzeitbehälter umklammert und sahen aus, als würde ihnen jeden Moment schlecht werden.

Es war eine Szene wie aus einem Film über den Zweiten Weltkrieg, als die amerikanischen Truppen gerade an der Küste der Normandie landeten.

Mein Blick ruhte auf meinem Jüngsten – einem kleinen rothaarigen Kind, das ich auf dem Bürgersteig zurückgelassen hatte.

Was ihm wohl jetzt durch den Kopf ging? Was nur …?

Ich heiße Matthew, und ich weiß nichts.

Und wenn der Schulbus anfährt, bevor ich mich hinsetzen kann, und ich falle hin und reiß' mir ein Loch in die Hose, und alle lachen mich aus?

Und wenn mir der Wind alle Zettel aus der Hand bläst, die ich unbedingt mit nach Hause nehmen muß?

Und wenn ich den ganzen Tag keinen Freund finde?

Der große gelbe Bus ächzte, als er um die Ecke bog und

drohend wie ein Koloß herannahte. Er hielt und schluckte vor unseren Augen die kleine Gruppe der Kinder.

Als er anfuhr und dann aus unserem Blickfeld verschwand, kam unter den Frauen heftige Fröhlichkeit auf. »Muttertag ade!« rief eine der Frauen. »Darauf stoße ich an!« schrie eine andere. »Ich fühle mich wie nach einer Abmagerungskur, bei der ich 57 Pfund verloren habe!« kreischte ihre Freundin. Wir versprachen uns gegenseitig, uns bald zu einer kleinen Feier zusammenzufinden und irgendwas ganz Ausgefallenes zu essen.

Wir gingen nach Hause und heulten.

Beim Abendessen war Bill wie immer. Ich glaube, er sagte: »Wie ging's?«

»Wie ging's?« Ich hatte eben den längsten Job verloren, den ich je gehabt hatte. Mit siebenunddreißig war ich zu alt, um von Milchzahngutscheinen zu leben, und zu jung für die Altersrente. Ich hatte keine Ahnung, was ich mit dem Rest meines Lebens anfangen sollte, und alles, was ihm einfiel zu fragen, war: »Wie ging's?«

Er konnte sich überhaupt nicht vorstellen, was jetzt in mir vorging. Was nur ...?

Ich heiße Erma, und ich kann nichts. Was soll ich die nächsten vierzig Jahre anfangen?

Mich um einen richtigen Job bewerben mit der Referenz, drei Kinder zu haben, die Stein und Bein schwören, daß ich sie bei 10 Grad unter Null zum Spielen aus dem Haus scheuche?

Wieder zur Schule gehen und womöglich Entschuldigungen von meiner Mutter bringen?

Mich an einem Backwettbewerb beteiligen und den Preis für Mrs. Durchschnitt gewinnen?

Und wenn alle meine Freundinnen einen Job finden, und ich muß ihre Kinder hüten, denen im Schulbus schlecht wird und die ich täglich zur Schule bringen und von der Schule abholen muß?

Und wenn mich mein Mann geistig überrundet und sich nach einer anderen umsieht, die etwas Bedeutenderes liest als die Gebrauchsanweisung für das Dampfbügeleisen?

Wie lange würde es dauern, bis ich den Teppichboden bis auf den Estrich zerreinigt hätte?

Es war das Ende … oder der Anfang einer neuen Ära für uns beide, meinen Sohn und mich … Das hing von der Betrachtungsweise ab.

Ob mein Mann sich darum kümmerte oder es begriff, war nicht auszumachen. Er hatte einen Beruf, in dem er aufging. Unterrichten war für ihn eine Erfüllung und Herausforderung, die seine Tage und einige Abende obendrein ausfüllte.

Tatsächlich paßte die Beschreibung eines Workaholic auf ihn bis aufs i-Tüpfelchen. Ich fühlte mich an die Geschichte von dem Mann erinnert, der sich eines Tages das Leben nehmen will, indem er seinen Kopf in den Gasherd steckt.

Aber dann sieht er, daß die Backröhre vollkommen verdreckt ist, und beschließt, sie sauberzumachen. »Und als das verdammte Ding endlich sauber war, hatte ich's mir anders überlegt«, erklärt er später.

Genauso war Bill. Wollten wir ins Grüne fahren, setzte er sich vorher noch an den Tisch und machte Buchhaltung. Wenn er auf dem Klo war, las er – ganz gleichgültig was, und wenn es die amerikanische Zahnärztezeitschrift war.

Wenn er am Telefon vorbeiging, drehte er automatisch die verzwirrte Schnur auseinander. Bei Rot säuberte er das Handschuhfach.

Bei meiner Mutter hieß das Allheilmittel für alle Probleme des Lebens: »Nimm ein Abführmittel!« Sein Rat lautete: »Entspann dich, und genieße deine Freiheit.«

Das war seine Antwort auf meine Leere-Nest-Krise.

Eines Nachts, als wir zu Bett gingen, sagte ich: »Ich muß Arbeit finden. Heute habe ich nicht mal die Wäsche aus der Waschmaschine geholt. Ich habe einfach nichts getan.«

»Ich komm' da nicht mit«, sagte er und kratzte sich am Bauch. »All die Jahre hast du schwer gearbeitet, die Kinder großgezogen, das Haus saubergehalten. Jetzt hast du Zeit, dich zurückzulehnen und die Früchte deiner Arbeit zu genießen. Das hast du dir verdient. Du mußt nicht arbeiten. Wir haben genug zum Leben und vielleicht sogar für eine Ferienreise. Oder möchtest du etwa enden wie Bonnie?«

Bonnie wohnte zwei Häuserblocks weiter. Sie war das schwarze Schaf unseres Viertels. Sie trug nie den Einkauf aus dem Kofferraum, außer wenn etwas leicht Verderbliches dabei war. Sie holte sich die Sachen einzeln heraus, wenn sie sie brauchte. Die Familie aß nie von Tellern oder mit Silberbesteck, sondern nur von Papptellern und mit Plastikbesteck. Brot und Wurst kamen im Einwickelpapier auf den Tisch. Nur auf dringende Aufforderung hin bügelte sie etwas.

Eines Tages erzählte Bonnie, sie habe die Lösung gefunden. Sie stellte eine Haushälterin ein, die auch ihre Kinder hütete, während sie zur Arbeit ging. Bonnie bekam einen Job in einem Kindergarten, in dem ihre Perle jeden Morgen ihre Kinder ablieferte. Niemandem entging die Ironie, und viele machten sich über Bonnie lustig.

Ich verstand Bonnie gut. Wir lebten in einer Gesellschaft, in der man bezahlt wurde, soviel man eben wert war. Als Ehefrau und Mutter hatte man freie Unterkunft, Kleidung, Essen sowie Anspruch auf ärztliche Versorgung. Für erzwungenen oder vorzeitigen Ruhestand war selbstverständlich keine Versorgung vorgesehen.

Ich beneidete Bonnie. Sie langweilte sich wenigstens nicht.

Die meisten Frauen in unserer Gegend befanden sich in diesem Zustand von Aufgewühltheit, als uns Charmaine eines Tages im Oktober 1964 anrief und sagte, sie habe Karten für einen Vortrag, den Betty Friedan in der Stadthalle halte. Betty Friedan war die Autorin des eben erschienenen Buches »Der Weiblichkeitswahn oder die Selbstbefreiung der Frau«.

Keine von uns hatte je zuvor etwas von Betty Friedan gehört, aber wir hätten uns auch eine Filmvorführung über die Geschichte der Papierherstellung angeschaut, um aus dem Kleinkram täglicher Plackerei herauszukommen. Wir stiegen alle in Charmaines Kombi, in dem sie unter anderem Brennholz transportierte, und fuhren los, um uns unterhalten zu lassen.

Revolutionswehen

Die kleine, untersetzte Frau mit dem verwuschelten Haar nahm auf dem Holzpodium Platz. Wir freuten uns. Sie sah aus wie eine von uns. Dann fing sie an, unser Leben zu beschreiben: Kindergeschrei, schmutzige Wäsche und Großmütter, die sich weigerten, die Kinder zu hüten. Uns war ganz schwindlig vor Erwartung. Sie würde das alles für uns in eine humorvolle Perspektive rücken und uns zum Lachen bringen.

Statt dessen ertönten vom Podium herab mahnende Worte, die uns in betroffenes Schweigen versetzten. »Das ist gar nicht komisch!« lautete ihr Richtspruch. »Das, wovon ich hier rede, ist eine Krankheit ohne Namen. Es ist der Kampf um die Emanzipation der Frauen!« Wir fühlten uns, als säßen wir wieder in der Grundschule und wären gerade beim Kaugummikauen erwischt worden.

Eine Stunde lang ritt sie eine Attacke nach der anderen gegen unser aller Leben. »Sie dürfen nicht nur fragen: ›Wer bin ich?‹ Sie müssen auch den Mut zu einer Antwort aufbringen.«

Sie befahl uns, für immer und ewig das Wort »Nur-Hausfrau« auszumerzen. »Ehe und Mutterschaft sind wesentliche Dinge des Lebens – aber sie sind nicht das ganze Leben.«

Sie empfahl uns persönliche Entfaltung, aber nicht, um mit unseren Ehemännern Schritt zu halten. Sie sagte, Frauen bräuchten keine Männer, um sich lebendig zu fühlen, und sie bräuchten nicht durch ihre Männer und Kinder zu leben.

»Wir leben in einer sexistischen Gesellschaft!« schmetterte sie. »Die Frauen schöpfen die ihnen von Gott gegebenen Möglichkeiten nicht aus.«

Es war etwas Wahres an dem, was sie sagte, aber wir fühlten uns unwohl, weil sie uns geradezu vorschrieb, wie wir zu reagieren hatten. Wir waren zu sehr eingeschüchtert, um zu lachen, und zu alt, um zu weinen. Wir waren einfach sprachlos.

Sie getraute sich, die Rolle, für die uns unsere Mütter erzogen hatten – Ehemann und Familie zu versorgen –, als falsch hinzustellen. An uns selbst sollten wir zuerst denken.

Betty Friedan rechnete mit einem Zorn unter ihren mittelwestlichen Zuhörerinnen, den es an diesem Vormittag noch gar nicht gab.

Wir merkten es gar nicht, aber innerhalb dieser wenigen Stunden wurden wir alle mit dem Keim einer Bewegung ungeheuren Ausmaßes infiziert ... der in uns wachsen und alles in unserem Leben beeinflussen würde, ob wir nun mit dem Gesagten einverstanden waren oder nicht. Auf die eine oder andere Art wurden alle Frauen auf der ganzen Welt davon berührt oder dadurch beeinflußt. Unsere Einstellung zu Ehe, Kindern und Familie sollte nie wieder dieselbe sein.

Als die Rednerin das Podium verließ, saßen wir drei schweigend da. Wir waren es, die Betty Friedan meinte. Gebildete, intelligente Frauen, die nach herausfordernden Aufgaben hungerten.

Endlich sagte Helen: »Gehen wir zu King Cole zum Essen. Dort stempeln sie unseren Parkschein ab.« Erleichterung kam auf.

Doch Betty Friedans Worte gingen uns nicht mehr aus dem Kopf. Beim Essen fragten wir uns, weshalb wir die

einzigen zu Hause waren, die das Toilettenpapier auswechseln konnten. Wir fragten uns, warum ein Kind seinem Daddy gehörte, wenn es lachte, und sobald es tropfnasse Windeln hatte und unrühmlich stank, hieß es: »Das Kind braucht seine Mutter.«

Wie kam es, daß beim Ausmalen der Wohnung Männer die großen Farbroller bekamen und die Wände strichen, während wir die lausigen Tür- und Fensterrahmen übernehmen mußten?

Betty hatte recht. Das Heimchen am Herd hatte nichts Heroisches – keine Vorkämpfer, keine Anhänger, keine Gewerkschaft ... und keinen, der wußte, was sie leistete oder gar ihre Leistung anerkannte.

Trotz allem, was sollten wir machen? Davonlaufen? So einfach war es nicht.

Ich kaufte mir den »Weiblichkeitswahn« und las das Buch gründlich. Ich fühlte mich in die Ecke gedrängt. Vielleicht, weil ich verunsichert war und mich vor den Veränderungen fürchtete, die Betty Friedan verlangte.

Außerdem ging sie mit drei meiner Lieblingsschriftstellerinnen hart ins Gericht: Jear Kerr, Phyllis McGinley und Shirley Jackson – Hausfrauen, die, nach ihren Worten, »in einer Bilderbuchwelt voller Kinderstreiche, nicht funktionierender Waschmaschinen und Elternversammlungen schwelgten«.

Mrs. Friedan stellte fest, daß es da etwas an diesen schreibenden Hausfrauen gab, was gar nicht komisch war – sowenig wie Onkel Tom. Sie sagte, es sei nicht witzig, gelangweilten, eingesperrten, verzweifelten und sich ausgehöhlt fühlenden Frauen zu erzählen, »daß wir alle in derselben Tinte sitzen«.

Nun, vielleicht konnte Mrs. Friedan in einer Welt überleben, in der Waschmaschinen die Socken verschluckten und Kleiderbügel sich eines regen Sexlebens erfreuten, ich konnte es nicht. Ich brauchte mein Leben wie die Luft zum Atmen. Vielleicht kostete es Mühe, aber ich hatte einen Mann und drei Kinder, die ich liebte, und ich war nicht bereit, etwas sausenzulassen, bevor ich nicht genau wußte, womit es zu ersetzen war. Aber mir gefiel das Kapitel über den Gebrauch der gottgegebenen Möglichkeiten. Ich fragte mich, ob ich so was überhaupt hatte.

Einige Wochen später ging ich zu einer Wochenzeitung in unserer Vorstadt und bewarb mich um die Stelle einer Hausfrauen-Kolumnistin, die »in der Bilderbuchwelt von Kinderstreichen, nicht funktionierenden Waschmaschinen und Elternversammlungen schwelgte«.

Als mein Mann abends nach Hause kam, sagte ich: »Weißt du was? Ich habe heute einen Teilzeitjob angenommen.«

»Was für einen?« fragte er.

»Ich werde lustige Geschichten schreiben über das, was sich in unserer Familie ereignet.«

»Das kann nicht dein Ernst sein«, sagte er. »Du möchtest unser Privatleben öffentlich ausbreiten, unsere Kinder ausschlachten und unsere intimsten Augenblicke vor aller Welt ausstellen?«

»Ich kriege drei Dollar für die Kolumne«, entgegnete ich.

Er lächelte. »Warum hast du das nicht gleich gesagt?«

Was ich im darauffolgenden Jahr erlebte, war wie ein Kapitel aus einem Danielle-Steel-Roman. Ein Herausgeber, Glenn Thompson, entdeckte meine wöchentliche 3 Dollar-Kolumne über häusliches Leben in unserer Vorstadt und bat mich, ihm täglich etwas in der Art zu schreiben. Drei Wochen später machte er einen Zeitungskonzern aus Long Island auf die Kolumnen aufmerksam, der sich dazu bereit erklärte, meine Kolumnen überregional abzudrucken, wenn ich wöchentlich drei schreiben könnte.

In jener Nacht lag ich im Bett und konnte nicht einschlafen. Es war eine weitreichende Entscheidung, die unsere Ehe ganz wesentlich beeinflussen konnte. Ich hatte gelobt, Bill zu lieben, zu ehren und ihm zu gehorchen (Fenster- und Bödenschrubben inklusive). Jetzt änderte ich die Spielregeln. Ich wollte schreiben, reisen und einen Schlagabtausch mit Johnny Carson in seiner Talkshow haben. Welche Auswirkungen würde das auf meine Kinder haben? Würde mein Mann mich als Konkurrentin betrachten? Würde sich meine schriftstellerische Karriere ausweiten und möglicherweise die der Ehefrau und Mutter in den Schatten stellen? Was, wenn es nun Zerstreuungen gab, die das Saubermachen der Toiletten nicht mehr so erstrebenswert erscheinen ließen? Kamen zusätzliche Belastungen auf meine Familie zu, weil ich das selbstsüchtige Verlangen nach etwas Anregenderem verspürte?

Am nächsten Morgen verkündete ich, ich hätte ein Angebot, das mich möglicherweise zu einem Begriff mache – wie Weichspüler oder Weißmacher. Meine Tochter war die einzige, die darauf reagierte. Sie sagte: »Ich hoffe, daß du weiterhin jeden Donnerstag Zeit hast, mich zum Pfadfindertreffen zu fahren.«

Kurzum, dies würde das wichtigste Kapitel im Buch meiner Ehe werden. Eine traditionelle Familie und eine eigene Karriere unter einen Hut zu bringen war nicht eben leicht und konnte uns alle fünf wie eine gewaltige Flutwelle überrollen. Prioritäten würden sich verschieben. Verantwortungen abgetreten werden. Bindungen waren bedroht.

Unser Gewässer wurde nicht einmal gekräuselt.

Keiner nahm Notiz von dem Dynamo, der schneller durchs Haus raste als Aspirin durch die Blutbahnen, mehr Energie entwickelte als die Kraft der zwei Weißmacher mancher Waschmittel und überdies die Fähigkeit hatte, sich zu überschlagen, um drei Kindern das Abendessen auf den Tisch zu stellen. Sie gingen spät abends um das Bügelbrett herum, das im Wohnzimmer stand, und fragten nicht einmal: »Warum bügelst du mitten in der Nacht?« Sie hatten keine Ahnung, daß die freundliche Frau, die abends Bohnen schnitzelte und Namensborten in ihre Sachen nähte, tagsüber Reden schrieb, Schlagzeilen machte und die SUPERMA, die ÜBERMUTTER war!

Ich war nicht die einzige Frau, die bereits auf Reservetank lief. Einmal rief mich eine Freundin am Vormittag an und sagte mir, sie sei über sich selbst beunruhigt. In der Nacht, als sie ihre dritte Tochter bekam, habe sie sich ein Brunch für zehn Personen überlegt und sich den alten Nagellack abgemacht. »Bin ich eine Übermutter?« fragte sie.

Während der nächsten Jahre wurde ich Heimarbeiterin. Bill schleppte eine Holztür in unser Schlafzimmer und legte sie auf zwei Zementblöcke, und fertig war der Schreibtisch. Dort schrieb ich Bücher, Kolumnen und Reden und beantwortete die ab und an hereintröpfelnde Fanpost.

Und ich stärkte weiterhin Hemdkragen, wusch Schuhbänder, klopfte Teppiche und reinigte immer im April die Matratzen. Ich buk meterweise Blechkuchen, schrubbte meinen Mülleimer jede Woche mit Scheuermilch und hob das Frostschutzmittel meines Autos auf, um ein paar Dollar zu sparen. In meinem Haus waren nie die Jalousien heruntergelassen, damit man den Staub nicht so sah, und es stand kein Klodeckel offen.

Aber die Hilferufe berufstätiger Mütter wurden lauter und lauter. Es tauchten so unglaubliche Forderungen auf, wie die, daß die Männer etwas von der Hausarbeit übernehmen müßten und die Bürde der Kindererziehung mittragen sollten.

Eines Abends verteilte ich zu vorgerückter Stunde in der Küche den Senf auf eine Reihe von Brötchen für den nächsten Tag, als ich jemand an meiner Seite spürte.

»Bist du nicht bald fertig?« fragte Bill.

»Ich hab hier noch eine Stunde zu tun.«

Es entstand eine Pause, dann legte Bill mir die Hände auf die Schultern und drehte mich zu sich herum. »Seit Monaten«, sagte er bedeutungsvoll, »sehe ich dir zu, wie du dich abrackerst, um hier alles in Schwung zu halten. Ich finde, es ist an der Zeit, daß ich dir helfe. Von jetzt an mache ich jeden Morgen den Kaffee.«

Man hätte meinen können, er habe eben gesagt: »Laß mich das Baby die letzten drei Monate austragen.«

Ich möchte nicht undankbar erscheinen, aber einige Löffel Kaffeepulver mit kochendem Wasser zu überbrühen gehört für eine Frau ebenso zu den leichteren Hausarbeiten wie das Auswechseln einer Klopapierrolle. Es ist vielleicht nicht nett, das zu sagen, aber jedenfalls ist so was nicht vergleichbar damit, daß jemand mit dem Schwamm in der Hand in eine Kloschüssel fährt, um die Ränder zu säubern, oder die Flusen von einer Kordhose entfernt, die mit einem Papiertaschentuch in der Hosentasche in die Wäsche geraten ist.

Aber in den sechziger Jahren bedeutete Kaffeemachen für einen Mann bereits einen teilweisen Verzicht auf seine Männlichkeit.

»Das ist lieb«, sagte ich also, »kannst du dir vielleicht auch vorstellen, daß du eines Tages soweit bist, den Küchenschrank aufzumachen und eine Schachtel Müsli herauszuholen?«

Er erstarrte. »Du fängst an, bestimmend zu werden«, sagte er, »und das ist nicht sehr attraktiv.«

»Ich bin überhaupt nicht bestimmend«, entgegnete ich, »ich bin nur praktisch. Es gibt keinen Grund dafür, warum du jeden Abend im Wohnzimmer sitzt und wartest, bis man dich auffordert, zum Essen zu kommen, als würdest du auf eine Aufforderung zum Tanz warten. Es handelt sich hier um eine Gesellschaft mit gemeinsamer Haftung. Jedermann ist willkommen mitzumachen.«

Am Abend danach stand ich über einen Haufen gefrorener Hackfleischpasteten gebeugt. Ich versuchte sie auseinanderzukriegen, indem ich mit der einen Hand ein Küchenbeil zwischen zwei Pasteten hielt, um mit der anderen den Griff des Beils vermittels eines Nudelholzes runterzudrücken. Eine Stimme neben mir sagte: »Du hackst dir die Hand ab, wenn das Beil wegrutscht.«

»Soll denn das Leben ganz ohne Abenteuer sein?« seufzte ich.

»Ich versuche nur, dir zu helfen«, sagte Bill. »Ich habe auch beobachtet, daß du die Salatblätter mit der Hand in den Müllzerkleinerer runterdrückst. Wenn du das weiterhin machst, wirst du in deinem Leben nie mehr Frisbee spielen können mit der rechten Hand.«

»Bist du jetzt fertig?«

»Nein. Warum besorgst du dir nicht ein paar Topflappen? Jedesmal, wenn du einen Topf aus dem Backofen holst und ihn auf zwei Gabeln auf den Tisch balancierst, stehe ich Todesängste aus. Außerdem könnte man den Toaster mal reinigen und ihn dann mit einer Haube abdecken. Er entwickelt eine Hitze, daß man schon ein ganzes Haus damit heizen könnte.«

»Ich weiß schon, was ich zu tun habe«, erklärte ich ärgerlich.

»Und diese Gewürze. Wenn ich mein Büro so führen würde wie du diese Küche, fände ich überhaupt nichts mehr. Ich werde sie dir mal ordnen.«

»Untersteh dich!«

»Das Geschirr ist auch ganz falsch eingeräumt. Das, was du am häufigsten brauchst, sollte auf dem unteren Bord stehen, wo du einfach hinkommst.«

»Bitte!«

»Die Gebrauchsanweisungen für deine Elektrogeräte sind überall verstreut. Ich werde sie dir in einen Ordner zusammentun. – Was um Himmels willen soll das sein?«

»Das ist ein Backblech.«

»Sieht aus wie der Pappdeckel, den ich unters Auto lege, wenn ich das Öl wechsle. Was kostet denn so ein Ding?«

»Weiß nicht ... 99 Cent ... vielleicht auch mehr.«

»Wir sind Doppelverdiener und können uns kein neues Backblech leisten?«

»Verschwinde aus meiner Küche!«

»Ich denke, du brauchst Hilfe.«

»Aber keine solche!«

In Wirklichkeit war Bill stolz auf meine Karriere. Die meisten meiner Schuldgefühle waren selbst gemacht. Solange ich mich überschlug, damit die Kinder ihre Erdnußbutter hatten, konnte ich den Eröffnungsvortrag für eine Muttertagsveranstaltung zusagen. Wenn ich einen Nudel-Thunfischauflauf vorbereitet hatte und meiner Tochter einen Zettel schrieb, sie solle ihn bei 250 Grad in den Backofen stellen, und ihr, wenn ich zum Essen nach Hause kam, ein Geschenk mitbrachte, konnte ich in der Michael Douglas Show auftreten. Solange mein Mann ein Gesicht machte, als sei ihm eben ein goldblonder Engel erschienen, wenn er an seinem Badetuch schnupperte, fühlte ich mich berechtigt, in der nächsten Woche meine Karriere zu verfolgen. Wenn ich mich beklagt hätte, hätte mir das ein »Niemand verlangt von dir zu arbeiten. Du kannst jederzeit aufhören« eingebracht.

Alles, was wir beide verdienten, kam in einen gemeinsamen Topf, wir teilten es. Die täglichen Erlebnisse in unseren jeweiligen Berufen tauschten wir während des Abendessens aus, wir teilten sie miteinander. Die ganze Kindererziehung ... die Paradekurse mit Trommelwirbeln, der Kieferorthopäde, der Fahrdienst, Einkäufe und Besorgungen – das war ausschließlich meine Sache.

Es war kein Zufall, daß ich in meinen Kolumnen das Sprachrohr vieler Frauen war, die sich selbst und ihrem Leben gegenüber ambivalente Gefühle hegten. Ich liebte meinen Beruf, aber ich bezahlte einen hohen Preis dafür. War es zuviel verlangt von den Männern, hinter denen wir standen und die wir die ganze Zeit über unterstützt hatten, daß sie dasselbe für uns tun sollten?

Ich beobachtete diese von ihren Hüftgürteln gequälten Frauen, wenn sie zu meinen Vorträgen kamen – um sich zwei Stunden für sich selbst zu stehlen, bevor sie den Fahrdienst aufnahmen oder zum Schulbus eilten. Und bevor sie hergekommen waren, hatten sie eine Gabel aus dem Müllzerkleinerer gefischt, den Hund zum Tierarzt gebracht, das vergessene Pausenbrot in der Schule abgegeben, die Mülltonnen rausgerollt und Bleche voll Kuchen gebacken, die beim Pfadfinderinnentreffen verteilt werden sollten.

Wie lange würde es dauern, bis ein Ehemann, der morgens mit Opfermiene den Kaffee machte, nicht mehr gefragt war?

»... und vergib uns unsere Schuld«

Eigentlich durfte man die Reihe derer, die vor einem vor dem Beichtstuhl warteten, nicht zählen oder verfolgen, wie lange sie in dem dunklen Geviert blieben, aber jeder machte es. Man sollte mit gefalteten Händen fromm zum Altar blicken oder den Kopf geneigt halten. Wenn man hörte, daß sich jemand schneuzte, konnte man sich langsam aufrichten. Ich schaute auf meine Armbanduhr. Vier Minuten! Wer war denn da drin? Eine Nonne, die gerade wieder einen schlüpfrigen Sexroman geschrieben hatte? Ich konzentrierte mich darauf, wie ich alle meine Vergehen zusammenfassen und somit ein bißchen Zeit sparen konnte.

Mal sehen, eine Reihe von Sünden konnte ich unter »Reizbarkeit« zusammenfassen. Darunter würden all die Gelegenheiten fallen, bei denen ich die Beherrschung verloren und den Namen Gottes genannt hatte. Und dann käme »Ungeduld«. Ja, über die Ungeduld würde er die Reizbarkeit vergessen. Wer WAR denn nur die Person, die immer noch da drinnen kniete? Ein Hackebeilmörder? Jemand, der Unterschlagungen in großem Stil begangen hatte? Lieber Gott, hoffentlich bloß keine Ehefrau, die sich ihrem Gatten verweigert hatte.

Die Reihe, die vor Pater Frieders Beichtstuhl wartete, war kürzer, aber bei Pater Frieder wollte niemand beichten. Er fragte immer nach und hielt einem dann eine Predigt. Pater Kelly war nicht neugierig auf Einzelheiten. Er wollte so schnell wie möglich auf den Tennisplatz.

Der blaue Vorhang teilte sich, und eine jugendliche Matrone in Hosen und ohne Make-up tauchte auf. Ein kleines Kind lief zu ihr, zerrte sie an den Hosenbeinen und kreischte: »Wo warst du denn? Du hast doch gesagt, daß ich einen Lutscher krieg'. Ich will jetzt gehen!«

Das erklärte alles.

Die katholische Kirche ist die Erfinderin der Schuld. Schuld strömte wie Weihwasser, und die Frauen badeten darin täglich. Wir waren wie Touristen, die in einem fremden Land etwas zu kaufen versuchten. Wir hielten unser Leben in beiden Händen und forderten die Käufer auf: »Nehmt, was ihr wollt!«

Wenn eine Gabel im Müllzerkleinerer verbogen worden war, nahmen wir es auf uns. Wenn beim Spiegelei das Eigelb auseinanderlief, waren wir sicher, daß es an uns lag. Wenn der Wagen nicht mehr richtig lief, dann wurde es unser Wagen, der Zweitwagen.

Den mageren Schinken überließen wir unseren Männern, den Vordersitz im Auto unseren Müttern, das letzte Stück Pizza unseren Kindern.

Kein Wunder, daß unser Nachwuchs die »Ego-Generation« wurde. Es konnte ja nicht ohne Wirkung auf ein Kind bleiben, wenn es erlebte, wie die Mutter einen Zahnarzttermin sausenließ, um der Barbiepuppe, die am Wochenende mit Ken zum Ohio-State-Fußballspiel gehen mußte, ein neues Outfit zu kaufen.

Sie waren geprägt durch die Märtyrerrolle ihrer Mutter, die sich die Haare selbst schneidet, aber drei Dollar pro Stunde für den Unterricht im Trommelwirbeln bezahlt, damit die Tochter dann beim Üben alle Lampen im Haus zerschlägt.

Schuld ist so alt wie die Welt. Sie leitet sich ab von dem alten Sprichwort »Genuß bringt Reue«. Man hätte meinen können, in einer Ehe werde die Schuld geteilt, aber im Gegenteil, die Schuld wurde nur verdoppelt.

Außerdem war es so, daß Frauen Schuld an sich zogen wie einen lange entbehrten Liebhaber.

Jene, die den Weg bereiteten für den Marsch in die Gleichberechtigung, indem sie außer Haus arbeiteten, mußten dafür bezahlen – im buchstäblichen Sinne.

Indem sie einen Babysitter für ihre Kinder bezahlen mußten, Spielzeug kauften im Wert von 2000 Dollar und so viel zu trinken und zu essen, daß sämtliche Kinder der dritten Welt damit hätten ernährt werden können.

Hatte man ein Fußballspiel versäumt, zahlte man dafür Strafe in Form einer Samstagabendparty für 200 sexuell aktive Teenager.

Wenn man den Kindern nicht bei den Hausaufgaben geholfen hatte, und sie verkorksten eine Englischarbeit, oder wenn man ihnen geholfen hatte, und sie verkorksten die Mathearbeit, konnte sich die Strafe bis zu einem Ausflug ins Disneyland belaufen.

In Wirklichkeit sah es so aus, daß die Familien mit neuen Müttern konfrontiert waren, Frauen, die einige Regeln brachen. Statt unterstützt zu werden, legte man ihnen Steine in den Weg.

Ihre Mütter sagten: »Wenn du es übers Herz bringst, mit anzusehen, wie dein Kind zu einem zwölf Jahre alten Babysitter läuft, wenn es sich weh getan hat und Trost braucht, dann geh deinem Beruf nach.«

Ihre Kinder beklagten sich: »Ich mußte mich heute übergeben, und du warst nicht zu Hause.«

Ja sogar die Ehemänner machten es auf die ihnen eigene subtile Art schwer, indem sie den Kühlschrank öffneten und stichelten: »Wie lange möchtest du eigentlich diesen Pfirsichkern noch aufheben in der Zwei-Liter-Bowlenkanne?«

Bei einem Beruf, der nicht genau zu definieren war und auf den kein Arbeitsloser spekulierte, war es eigentlich bare Ironie, daß sich viele Frauen heimlich fragten:

»Mit wem muß ich ins Bett gehen, um hier gefeuert zu werden?«

Was die Schuld betraf, so machte ich noch eine Entdeckung in den sechziger Jahren. Es gab Ausnahmen. Wenn man seine Zeit nicht bei der Familie verbrachte, weil man dreißig leere Eierkartons für den Weihnachtsbasar sammelte oder sich für einen neuen Spielplatz einsetzte, war man frei von Schuld.

Wenn man hingegen einen Halbtagsjob hatte, der einen nur ein paar Stunden von der Familie fernhielt, ging man selbstsüchtigen Interessen nach und war eine schlechte Mutter.

Der springende Punkt dabei war der Begriff »Geld«. Wurde man für eine Tätigkeit bezahlt, dann war es für die Kinder schlecht.

Schuldgefühle wegen außerhäuslicher Karrieren waren es nicht allein, die die Frauen in den sechziger Jahren quälten. Die alte Ausrede mit den abendlichen Kopfschmerzen, ein uns von unseren Müttern überlieferter Entschuldigungsgrund, um nicht mit dem eigenen Mann schlafen zu müssen, wurde immer weniger angewandt. Auch der wohlmeinende Ratschlag »Beiß die Zähne zusammen, in ein paar Jahren ist der ganze Schlamassel vorbei« war bei den Frauen unserer Generation nicht mehr gefragt. Sie hatten plötzlich Spaß am Sex und fühlten sich nun deshalb schuldig. Nur eine Frau mit Dachschaden hätte noch daran gedacht, die Ausrede mit der Migräne vorzubringen.

Tatsächlich waren Gewissensbisse darüber, daß man nicht mehr dieselben Prioritäten wie die eigenen Eltern hatte, für diese Generation ganz entscheidend. Man wendete die Matratzen nicht mehr jedes Jahr im Frühling, nahm das Geflügel nicht mehr selbst aus, um Geld zu sparen, und bügelte dem Ehemann nur dann den Hemdrücken, wenn zu erwarten war, daß er ins Schwitzen geraten und sein Jackett ausziehen würde.

Gegen Ende des Jahrzehnts kam es zu einer wahren Schuldüberflutung. Immer mehr Männer fanden, wenn sie von der Arbeit nach Hause kamen, einen kalten Herd vor. Kinder hatten eigene Schlüssel, mit denen sie in verwaiste Wohnungen kamen. Großeltern hinterließen auf dem unabgeräumten Frühstückstisch Mitteilungszettel. Pater Kellys Tennisspiele fielen ins Wasser.

Und das alles war ganz allein meine Schuld.

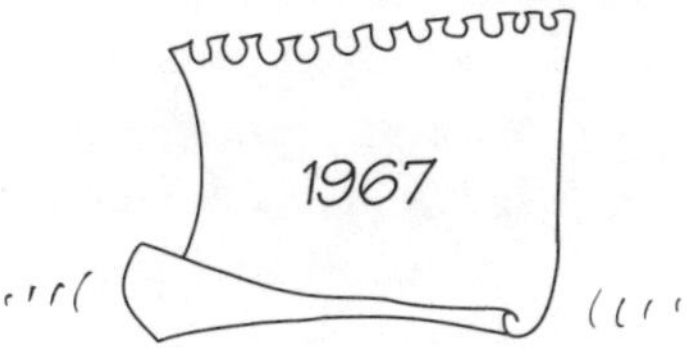

Die große Schuld

Vergessen wir den Umstand, daß genügend Kerzen auf meinem Kuchen brannten, um die Landebahn des O'Hare-Flughafens auszuleuchten. Ich war also vierzig geworden. Kümmerte es mich, daß sich meine Altersgenossinnen in wahren Bottichen von Oil of Olaz badeten? Für mich war das Alter eine Frage der Einstellung. Man ist so alt, wie man sich fühlt. Sagt der Papst ... oder war es der Kommentator Paul Harvey?

Mein Leben verlief gut. Weshalb hätte ich deprimiert sein sollen? In zwei Monaten sollte mein erstes Buch erscheinen. Der Verleger schickte mich auf eine Lesereise nach Columbus, Cincinnati und Cleveland, und sogar nach New York sollte ich, um in einer Johnny Carson Show aufzutreten.

Außerdem war Altern einfach kein Thema für mich. Es war nicht die Anzahl der gelebten Jahre, die zählte, es zählte nur, was man aus diesen Jahren gemacht hatte. Was waren schon ein paar Falten? Zeichen des Mutes, gelebt zu haben. Man bleibt nur jung, wenn man aktiv bleibt, sagte ich immer. Sobald man sich hinsetzt, schwellen die Füße an. Das war meine Philosophie. Der 21. Februar war ein Tag wie jeder andere in meinem Leben.

21. Februar!

Einen Augenblick; das durfte nicht wahr sein! Ich suchte meinen Kalender. Sechs Wochen über die Zeit. Ich war wie benommen, als mir die Realität klar wurde.

Ich, eine alte Frau, die sich gerade noch selbst versorgen konnte, erwartete ein Baby!

Halt! Wahrscheinlich war es der Wechsel. Richtig. Ich hatte ein paar Schweißausbrüche gehabt..., den Hund angeblafft..., und ich war etwas überempfindlich. Wem wollte ich was vormachen? Es war nicht der Wechsel. Ich war schwanger.

Ich wollte mir einen Namen als Schriftstellerin machen, statt dessen würde man sich meiner als der ältesten Frau Nordamerikas erinnern, die einem Kind das Leben geschenkt hat.

Ich würde im Guinness-Buch der Rekorde neben Josimar Carbauba aus Brasilien erscheinen, die 38 Kinder hatte – das letzte mit vierundfünfzig –, oder neben Ruth Kistler, die 1946 einer Tochter das Leben geschenkt hatte, im Alter von 47 Jahren und 129 Tagen.

Es war ja nicht das Kind an sich. Ich liebte Kinder.

Es war nicht mal die Aussicht, daß meine Karriere unterbrochen werden könnte. Schreiben konnte ich auch mit geschwollenen Gelenken.

Es war der Zeitpunkt.

Wenn das Kind eben aus dem Alter des Mittagsschläfchens heraus war, käme ich grade wieder rein.

Wenn es seinen Führerschein bekam, würde ich Östrogen schlucken und überlegen, ob mein schlechtes Gehör vom lauten Autoradio herrührte oder ob es beginnende Alterstaubheit war.

Wenn ich ins Bett ging, würde es ausgehen wollen, wenn ich aufstand, ins Bett wanken.

Wenn wir mit dem Auto in Urlaub führen, würde es sich die Zeit vertreiben, die Altersflecken auf meinen Händen mit einem Filzstift zu umkringeln.

Die College-Abschluß-Party würde ich von meinem Pflegegeld bezahlen.

Es gibt wenige Augenblicke im Leben einer verheirateten Frau, wo sie sich ganz allein fühlt. Eine beginnende Mutterschaft mit vierzig ist einer davon.

Der erste Gedanke, der mir durch den Kopf schoß, überraschte mich selbst. »Wen kann ich dafür bezahlen, es meiner Mutter zu sagen?«

Selbstsüchtigerweise kam ich auf mich zurück. Nein, es war nicht fair. Meine Freundinnen marschierten auf ihrem Lebensweg voran. Sie hatten ihre Umstandskleider wie Brücken hinter sich verbrannt. Sie waren wieder erschlankt, und die Kinderstühlchen hatten sie auf die Straße gestellt für die Sammlung der Heilsarmee; sie hatten sich bis über den Kopf in Schulden gestürzt. Die Batterien ihrer biologischen Uhr waren ausgebrannt. Und was erwartete mich? Bekleckerte Kinderlätzchen, schlaflose Nächte, Pfadfinderkuchenschlachten, Vorlesen, Elternfahrdienst, Schulausflüge, nächtliches Fieber. In den Unterhaltungen meiner Freundinnen würde die Sextherapeutin Dr. Reuben die Hauptrolle spielen, bei mir Dr. Spock.

Nach neun Jahren der Freiheit war ich aus der Übung. Ich hatte keine Geduld mehr ... Keine Lust. Mit vierzig wollte ich kein Kind mehr.

Plötzlich ernüchterte mich eine Erkenntnis. Es war ja nicht nur »mein Baby«. Es war »unser Baby«. Bill war genauso davon betroffen, und er war vierundvierzig. Bestimmt empfand er dasselbe wie ich. Wahrscheinlich schossen ihm viele Fragen durch den Kopf, wenn er es erfuhr. Würde er seine Midlife-Krise verschieben müssen, um im Schneidersitz an einem Pfadfindertreffen teilzunehmen? Würde sich der jüngste Sohn die Sachen, die der Vater noch trug, für eine Nostalgie-Party ausleihen? Wenn er seinen halbwüchsigen Jungen aufklärte, mußte er sich da bereits aus Büchern informieren?

Jetzt ging es mir schon besser. Wenn wir uns gegenseitig stützten, kamen wir besser damit zurecht. Keine Sekunde lang dachte ich an Abtreibung. Ich wollte nur bedauert werden, wollte, daß jemand Mitleid mit mir hatte. Ich kannte diesen Mann ja so gut! Er wird genauso enttäuscht sein wegen dieser Schwangerschaft wie ich. Und außerdem würde uns seine Besorgnis darüber, daß ich in diesem Alter noch ein Kind bekam, noch enger zusammenschweißen.

Ich sagte es ihm nach dem Abendessen, sobald sich die Kinder verzogen hatten, um dem Abwasch zu entkommen. »Ich bin schwanger.«

»Das ist ja großartig!« rief er aufgeregt. »Wann kommt es?«

»Du mußt nicht so tun, als ob du glücklich wärst«, sagte ich.

»Was heißt ›so tun‹?« Er lächelte. »Ich bin ganz aus dem Häuschen. Unsere Schule kriegt einen neuen Schüler.«

»Bill, du hast wohl nicht richtig zugehört. Ich bin vierzig«, erinnerte ich ihn.

»Vierzig ist gar nichts«, meinte er überschwenglich.

»Stünde ich als Baum in einem Nationalpark, dann könntest du bereits durch mich hindurchfahren.«

»Unsinn. Hast du's schon den Kindern gesagt? Die werden ganz außer sich sein. Besonders Betsy. Die lag dir doch immer in den Ohren, weil sie noch ein Brüderchen oder eine kleine Schwester haben wollte.«

»Betsy freut sich, solange sie ihre Cola nicht teilen muß.«

»Schatz, ich weiß ja, daß das viel Arbeit bedeutet und daß wir nicht darauf eingestellt sind«, sagte er liebevoll, »aber die Kinder werden dir helfen.« (Das Ausmaß an Hilfsbereitschaft bei unseren Kindern entsprach dem einer Mücke.) »Außerdem«, fügte er hinzu, »wird uns das Baby jung halten.«

Wie wahr! Ich war erst sechs Wochen über die Zeit und sah bereits älter aus als eine Mumie.

Die Schwangerschaft schritt voran. Übelkeit, angeschwollene Gelenke, Kurzatmigkeit. Aber in mir entwickelte sich etwas Bedeutsames, wie bei allen Frauen seit Anbeginn der Zeiten. Es bildete sich Leben, und in wenigen Monaten waren wir zwei so miteinander verbunden, daß es keine Trennungslinie mehr zwischen mir und dem Kind gab.

Das hieß nicht, daß ich meine Märtyrerrolle aufgegeben hätte, aber ich wurde weich und fand mich in mein Schicksal. Es gab ja auch ein paar Pluspunkte. Ich konnte meine alten Schwangerschaftsstreifen benutzen und brauchte mir keine neuen zuzulegen. Babysachen hatte ich noch auf dem Speicher. Meinen Bauch brauchte ich nicht mehr einzuziehen.

Im vierten Monat spürte ich, daß etwas nicht in Ordnung war. Ich fühlte mich nicht gut, war extrem müde und ganz ohne Zweifel, ich sah überhaupt nicht schwanger aus.

Mein Gynäkologe äußerte Besorgnis und meinte, wir sollten die Schwangerschaft abbrechen. In diesem Augenblick wurde mir wie nie zuvor klar, daß ich das Kind wollte. Ich war nicht bereit aufzugeben. »Geben Sie mir noch ein paar Wochen», bat ich. Ich wußte, daß sich das neue Leben in mir bald regen würde.

Während der nächsten Wochen dachte ich viel über das Leben im allgemeinen nach, und ich feilschte mit Gott. Aber Gott läßt nicht mit sich handeln.

Im sechsten Monat nahm ich rapide ab und konnte mich kaum mehr aufrecht halten. Ich trug einen toten Fötus aus.

Ich verlor mein Kind.

Das Personalpronomen ist hier von Bedeutung. Es heißt immer: »Wir erwarten ein Kind«, aber sobald die Schwangerschaft abgebrochen wird, ist es die Mutter, die gesteht: »Ich habe es verloren.«

Wie ich da so lag und murmelte »Ich bin so traurig!«, überschwemmte mich ein unermeßliches Schuldgefühl. Selbstanklagen stiegen auf wie Wellen von Übelkeit. Ich wollte dieses Kind. Warum hatte ich das nie gesagt?

Mir war etwas geschenkt worden, und ich hatte gesagt: »Ich will es nicht.« Für unsere Ehe war dies eine neue Lektion in Einfühlung und Vergeben.

Für mich war es das letzte Mal gewesen, daß ich ein Wunder in mir spürte. Jetzt gehörte ich zu den Frauen, die ein Kind verloren haben. Das sind Frauen, die sehen aus wie alle anderen und funktionieren wie alle anderen. Aber tief innen in ihnen ist eine Leere, die nie vergeht. Zu jeder beliebigen Zeit des Jahres, wenn keiner versteht, wovon die Rede ist, schauen sie traurig ins Leere und bemerken, daß das Baby heute drei Jahre alt wäre ... oder fünf Jahre ... oder zehn. Sie spielen mit Möglichkeiten, mit wäre gewesen ... hätte sein können ... sollte ... könnte ... würde ... und mit der ewigen Frage: »Warum?«

Renovierungsbedürftig

In der Dunkelheit lagen Bill und ich so weit auseinander, wie es in einem Doppelbett nur möglich ist.

Seit zwei Tagen redeten wir kein Wort miteinander.

Was mich betrifft, so hatte ich nicht vor, noch je in meinem Leben mit ihm zu reden. Ich glaube, das letzte, was ich zu ihm gesagt hatte, war: »Und wenn du in hellen Flammen stündest, ich würde nicht mal ins Feuer *spucken.*«

Das Wort Scheidung fiel nicht. Wir hatten beide Angst davor, für dieses verdammte Haus, das wir gekauft hatten, haften zu müssen.

In der Anzeige war es angepriesen worden als »zauberhaftes, geschichtsträchtiges Anwesen, renovierungsbedürftig, eine lohnende Aufgabe für Heimwerker«. Es war wie ein Traum, der sich erfüllt. Zwischen zwei Friedhöfen gelegen, umgeben von zwanzig Morgen Land, mit alten Bäumen, Pfaden und einem eingezäunten Polofeld. An der gewundenen Auffahrt lag ein Swimmingpool und daneben ein zauberhafter Teich, über den eine kleine Brücke zum Haus führte.

Aus der Ferne sahen die weißen Säulen der Veranda wie die von Tara aus. Das Haus hatte elf Zimmer und fünf Bäder.

Es war ein Haus des Teufels.

Als ich es zum ersten Mal erblickte, packte ich Bill am Arm und rief in kindlicher Unschuld: »Könnten wir das nicht kaufen? O bitte!« Ich hätte genausogut fragen können: »Ist das Auto auf uns beide zugelassen? Kann unsere Ehe nach neunzehn Jahren noch annulliert werden? Kann sich eine 41jährige mit Krampfadern in den Kniekehlen noch mal in hochhackige Schuhe zwängen und auf Brautschau gehen?«

Natürlich war Bill mißtrauisch. Sind Männer immer, wenn Frauen überglücklich sind.

»Das Haus ist aus dem Jahr 1840«, begeisterte ich mich.

»Die Installationen sind es auch«, bemerkte er.

»Stell dir doch bloß mal den Abhang voller blühender Narzissen vor!«

»Der Boden entlang der Veranda ist matschig und stinkt.«

»Diese hohen Räume sind so herrlich.«

»Auf dem Speicher liegt genügend Mäusedreck, um ganz Costa Rica mit Dünger zu versorgen«, sagte er.

»Und die alten Bäume, die den Weg säumen – wie auf einer Postkarte.«

»Die Schlaglöcher in der Auffahrt sind groß genug, um ein ganzes Auto zu verschlucken. Das wird viel Arbeit geben.«

Ich sah die großflächigen Eichenböden und die entzückende kleine Toilette außerhalb der Halle.

Er bemerkte die Wasserflecken an den Decken, die veralteten Wasserrohre, und daß die Böden unter seinem Gewicht ächzten und nachgaben.

Ich warf alles, was ich an Weiblichkeit aufzubieten hatte, in die Waagschale und bettelte: »Komm! Wir könnten es gemeinsam renovieren. Das wird ein Mordsspaß. Die Kinder können mithelfen.«

Ich glaube, ich habe nichts Aberwitzigeres mehr gesagt, seitdem ich unseren Kindern mal erklärt hatte, später wären sie dankbar für unsere Strenge.

Die Kinder führten sich auf, als hätten wir sie zu

lebenslänglich Zuchthaus verdonnert, und lehnten jede Teilnahme an dem Projekt ab. Ich wollte, wenn wir etwas in Angriff nahmen, daß es fertig wurde – wenigstens irgendwann im Laufe meines Lebens. Bill wollte einfach nur abends heimkommen und wie Graf Koks in bequemen Schuhen herumschlurfen und weise Sprüche von sich geben.

Den letzten Streit hatten wir wegen der Küchentapete. Ich erklärte ihm, daß er die Weintrauben verkehrt herum aufklebte. Er sagte, ich solle gefälligst den Mund halten und lieber den Kleber verdünnen.

Ich sagte, Adolf Hitler habe früher auch tapeziert und sich dann als Diktator entpuppt. Außerdem seien da viele Blasen, die er übersehen habe und über die er noch mal mit der Bürste drübergehen müsse.

Er sagte, es hätte überhaupt keine Blasen gegeben, wenn der Kleber nicht so dick gewesen wäre.

Ich sagte, von jetzt an könne er seine Sachen selbst zur Reinigung bringen.

Er sagte, er wisse nicht, was das mit der Küchentapete zu tun habe.

Ich sagte, er sei genau wie seine Mutter, die uns unsere Hochzeit verdorben habe mit dem Trauerflor, den sie am Ärmel getragen hat.

Er sagte, ihm habe die Tapete von Anfang an nicht gefallen.

Ich sagte, das sei genau der Geschmack, den man von einem Mann erwarten könne, der zu unsensibel sei, daß er den Autositz für mich wieder nach vorn rücke, wenn er aussteige.

Dann sagte er etwas wirklich Verletzendes. Er sagte, Michelangelo sei auch mit einer solchen Xanthippe, wie ich eine sei, verheiratet gewesen. Er hätte eine schöne, strahlend weiße Wand für die Sixtinische Kapelle gewollt, aber nein, seine Frau habe keine Ruhe gegeben, bis er nicht dreieinhalb Jahre lang, auf dem Rücken liegend, das Fresko gemalt habe.

So ging es seit dem ersten Tag. Da hatten wir aus der Holzhandlung eine Sperrholzplatte geholt, die zwei Meter breiter als die Straße und vier Meter länger als unser Auto war. Wir hievten sie auf den Dachständer unseres Autos. Bill sorgte dafür, daß sie nicht herunterrutschte, indem er mit der rechten Hand den Wagen lenkte und mit der linken aus dem offenen Wagenfenster die eine Seite der Platte festhielt. Meine Aufgabe war es, auf dem Beifahrersitz kniend, den Kopf aus dem Fenster haltend wie ein kranker Hund, die andere Seite festzuhalten.

Doch das war erst der Anfang. Auf dem Eßtisch prangte die geliehene Schleifmaschine. Die Badewanne war mit Zementsäcken belegt. Überall farbverschmierte Fetzen und Farbeimer.

Wir hätten uns eine Menge Zeit erspart, wenn wir unser Einkommen gleich der Holzhandlung überlassen hätten, und die hätte uns ein Taschengeld für unsere Lebenshaltung überwiesen.

Tagaus, tagein zu leben wie die Mitglieder des Friedenscorps der Dritten Welt forderte langsam seinen Tribut. Wir hatten es satt, in verkrumpelten Betten zu liegen, den Staub von den Stühlen zu wischen, ehe sich Gäste niedersetzen konnten, Holzspäne im Essen zu finden und Farbdämpfe einzuatmen. Das war kein Zuhause. Es war eine unvollendete Symphonie … Wie der Flughafen von Atlanta oder die St. Johns Cathedral in New York. Es würde niemals fertig werden.

»Es ist, als ob man Wasser in Sieb füllen möchte«, sagte Bill eines Abends. »Außerdem kostet es uns alle eine ganze Menge. Wir lachen nicht mehr. Wir spielen nicht mehr. Wir haben es nicht mehr gut.«

»Ich weiß.«

»Vielleicht sollten wir einen Handwerker aus der Gegend anheuern, der uns das alles abnimmt. Das wird zwar ein bißchen länger dauern als bei einer großen Firma, aber wir können alles überwachen und langsam wieder unserer eigenen Wege gehen.«

Langsam die eigenen Wege gehen war hierorts ein geflügeltes Wort. Wäre Mr. Sluggard beim Bau der Pyramiden dabeigewesen, würden dort heute noch die Fundamente ausgehoben.

Er kam jeden Morgen in Begleitung von drei Einheimischen in unsere Küche: Curly, Moe und Larry. Um 6.30 Uhr schlurften sie in Latzhosen an, Zahnstocher zwischen den Zähnen, rissen irgendwas auf oder heraus und gingen um zwei Uhr mittags wieder.

Wir beauftragten sie, zuerst die Küche in Angriff zu nehmen.

Am nächsten Morgen kamen wir in die Küche und sahen, daß die ganze Außenwand herausgehauen war. Mr. Sluggard erklärte lächelnd: »Das Erkerfenster schaffen wir in ein paar Tagen.«

»Mr. Sluggard«, sagte ich, »es ist November, und auf meinem Toaster liegt Schnee und vor der Spüle ebenfalls. Ich halte das für keine gute Zeit, um eine Wand herauszubrechen.«

»Im Sommer haben wir viel zuviel zu tun«, sagte Larry ..., vielleicht war es aber auch Moe.

Als die Kinder verschlafen zum Frühstück hereinkamen, kriegten sie blaue Lippen und sagten: »Hat Dad wieder am Thermostat rumgefummelt?«

»Vergeßt nie«, sagte ich mit schwachem Lächeln, »daß das alles eines Tages euch gehören wird.«

»Dir und Dad fällt auch nichts anderes mehr ein als solche Ausreden«, murrte eines der Kinder. »Wir wohnen viel zu weit außerhalb der Stadt, um Freunde zu finden, und wir hassen diesen ganzen Krempel.«

Sie hatten vollkommen recht. Wir besaßen einen Swimmingpool, in dem wir nie schwammen – wir schütteten lediglich Chemikalien hinein. In unserem Teich fischten wir nie – wir fischten nur die Algen mit Weidenruten heraus. Wir blickten auf ein riesiges Polofeld, das wir nur jede Woche mähen mußten.

Damals beschlossen wir, jedem der Kinder ein Pferd zu kaufen.

Die Euphorie, die Kinder für Haustiere entwickeln, dauert ungefähr fünfzehn Minuten, aber bei einem Tier, das 1500 Pfund wiegt und von Anfang an auf den Beinen steht, noch weniger lang. Kinder springen vor Freude in die Luft und versprechen, für die Tiere zu sorgen, ihnen Fressen zu geben, sich um deren weniger erfreuliche Abfallprodukte zu kümmern und ihr ganzes Leben fortan dem Wohlergehen des Tieres zu widmen. Zwei Tage später wissen sie nicht einmal mehr seinen Namen.

Etwas hatten alle drei Pferde gemeinsam: Ihre Mäuler verschlangen Futter und Wasser wie Scheunendrescher, ihr Gesichtsausdruck ähnelte dem Churchills nach einer Niederlage, und sie hatten eine kleine Eigenheit, wenn sich jemand auf ihren Rücken setzen wollte: Sie erlaubten es nicht.

Für unsere Freunde war das Anwesen ein Disneyland. Die Wahrheit kannten nur wir. Ja, Disneyland, ganz richtig. Die Küche war das Land der Zukunft, die Installationen das Pionierland, die elektrischen Leitungen das des Abenteuers und das Schlafzimmer war Phantasialand.

Das Haus quetschte uns aus wie die Zitronen. Wohin wir auch sahen, immer war irgendwas zu tun. Die Obstbäume im Garten krankten an einem komischen Wurm, der die Früchte befiel. Das Gras wurde gelb. Der Teich hatte sich in stinkenden grünen Schleim verwandelt. Die Möbel gaben sonderbare Geräusche von sich, wenn man eine Tür aufmachte oder eine Schublade herauszog. Die

Auffahrt mußte mit einem Schneepflug geräumt werden, damit man zur Haustür hinein- und herauskam.

Ich schwor Bill, alles würde besser werden zwischen uns, sobald wir nicht mehr in Parkas beim Frühstück sitzen müßten. Wurde es aber nicht. Mr. Sluggard hatte das Erkerfenster fertig und arbeitete sich zum Eßzimmer vor. Eines Abends, als wir beim Abendessen in der Küche saßen, hörten wir hinter der Anrichte etwas kratzen. Kein leises Kratzen, sondern schon ein gewaltiges. Ich berichtete es Mr. Sluggard, der darauf lachend bemerkte: »Ich Esel, hab ich doch vergessen, das kleine Loch in der Außenwand zu verschalen. Sind wahrscheinlich Ratten reingekommen.«

»Ratten!« Ich rang nach Luft. »Ratten in meiner Holzverschalung?«

»Die schaden nichts«, sagte er. »Sie schärfen nur ihre Zähne.«

Ich wäre Mr. Sluggard liebend gern an die Gurgel gefahren.

»Wie kriegen wir die wieder raus?« fragte ich und rang um Fassung.

»Ich würde mir da gar keine Gedanken machen«, meinte er. »Schließlich gehen sie ein.«

Ich konnte exakt vorhersagen, wann wieder eine Ratte hinter der Holztäfelung einging. Immer wenn wir Besuch hatten. Einmal gaben wir eine Dinnerparty für ein Dutzend Leute. Die Gäste standen um die alte Orgel im Wohnzimmer und sangen, als plötzlich jemand an seinem Getränk schnupperte und sich an die Kehle griff. »Was ist denn das für ein Geruch?« fragte er atemlos.

»Wonach riecht es?« fragte ich.

»Schlichtweg nach Kloake.«

»Ich muß mal nach dem Essen sehen!« sagte ich und verschwand schnell.

Das Haus förderte etwas für unsere Ehe Bedeutsames

zutage. Wir entdeckten, daß wir total verschieden waren. Wir konnten nicht zusammenarbeiten. Wenn ich ein Loch in die Wand gedübelt brauchte, um ein Bild aufzuhängen, sagte ich es Bill und machte mich darauf gefaßt, daß es kurz vor meinem Tod soweit sein würde. Irgendwann holte er dann seinen gesamten Schatz an Dübeln, Schrauben und Nägeln, seine Wasserwaage, Maßband und Leiter, und schon war mir alles vergangen.

Wenn er etwas anstrich, hatte er die unangenehme Gewohnheit, die Pinsel hinterher auszuwaschen, statt sie in einer alten Kaffeekanne einzuweichen, so wie ich das tat, bis sie eingetrocknet und unbrauchbar waren.

Ich verabscheue es, Geld für etwas auszugeben, was man nicht sieht. Nach meiner Auffassung sollten die Blumenbeete voller Geranien leuchten – und wenn wir dann auch drei Stunden warten mußten, bis die Badewanne eingelaufen war, was machte das schon?

Wir begrüßten uns nicht mehr. Wenn ich ihm auf dem Weg zum Haus begegnete, kreischte ich: »Hast du die Kalkspritze besorgt?« oder »Etwas mit Flügeln flattert im Keller herum. Sieh doch mal noch vor dem Essen nach!«

Als er an einem Freitag abend Überweisungen ausfüllte, sagte er: »Ist dir klar, daß Mr. Sluggard und seine Komödianten seit drei Jahren bei uns arbeiten?«

»Kommt mir länger vor«, erwiderte ich.

»Bist du glücklich?« fragte er plötzlich.

»Verglichen womit?«

»Verglichen mit Leuten, die sich das Wasser nicht selbst holen müssen und die sich nicht mit der Gießkanne duschen müssen?«

»Was möchtest du wirklich fragen?« sagte ich.

»Warum stoßen wir das Haus nicht ab und leben wieder wie früher?«

Ein Haus ist wie ein Auto. Man darf nicht in seiner Gegenwart darüber reden, sonst wird man bestraft. Sobald ein lebloses Objekt merkt, daß man sich seiner entledigen will, lehnt es sich gegen einen auf. Handelt es sich um ein Auto, dann geht das Getriebe kaputt, alle vier Reifen kriegen einen Platten, oder es fährt sich selbst gegen einen Baum.

Unser Haus reagierte, wie man es aus Stephen-King-Filmen kennt. Jeden Tag rächte sich etwas anderes. Unser Makler hatte uns ans Herz gelegt, das Anwesen in gutem Zustand zu präsentieren. Wasserproben unseres Teichs (dessen Wasser wir zum Duschen und für die Wäsche benützten) erwiesen sich als hochgradig arsenhaltig. Weil unser Trinkwasserbrunnen nicht das ganze Haus mit Wasser versorgen konnte, mußten wir einen Rutengänger engagieren, der den nach hinten gelegenen Grund abging, und gespannt darauf warten, daß sein Teufelsding ausschlug. Bei jedem Rattern des Preßlufthammers hörte ich 50 Cent ... 50 Cent ... 50 Cent ... ganze vier Tage und Nächte hindurch, bis wir auf eine neue Wasserader gestoßen waren.

Als der Teich untersucht wurde, roch der Inspektor Gas. Die Leitung, die sich von uns bis zur Straße über eine dreiviertel Meile erstreckte, mußte erneuert werden, weil sie verrottet war.

Wir ließen es machen.

Der Makler sagte, jemand habe im Hof neben dem Haus einen Geruch bemerkt, also mußten wir die Sickergrube verlegen.

Zudem war die Heizung für ein so großes Haus hoffnungslos unzureichend, also mußten wir eine neue einbauen lassen, um das Haus für Käufer attraktiv erscheinen zu lassen. Und kein Mensch dächte daran, meinte der Makler, hier zu wohnen, bevor nicht die Kamine mit Ziegeln verkleidet waren, so daß man die Löcher nicht mehr sah.

Die neuen Besitzer waren jung und ganz hingerissen

von ihrem renovierungsbedürftigen Haus. »Das wird ein Vergnügen!« zwitscherten sie.

Ich fühlte mich ein bißchen schuldig, als wir aus der Auffahrt auf die Straße bogen. Sie würden die Dienste eines Exorzisten benötigen, um das Haus von Mr. Sluggard zu befreien.

Nach zweiundzwanzigjähriger Ehe waren wir über das Stadium hinaus, aus nichts etwas zu machen. Der Nesttrieb hatte sich gelegt. Ich geriet nicht mehr außer mir in Anbetracht eines Melonenbehälters auf einer Tupperware-Party. Heiligtümer, denen ich jetzt huldigte, hießen Ruhe und Bequemlichkeit. Bill wetzte nicht mehr nach Hause, um im Keller Vogelhäuser zu basteln. Er wollte in seinem gemütlichen Sessel schlafen, damit er nicht so müde war, wenn er zu Bett ging.

Es war, als hätten wir eine Tür zugemacht hinter den Jahren des Kampfes. Es machte einfach keinen Spaß mehr.

Ehe wir unser neues Leben in Arizona anfingen, gönnten wir uns einen Urlaub. Auf unserer Reise machten wir in Monticello, in Virginia, halt und besichtigten das Haus von Thomas Jefferson. Gleich nach dem Eingang machte uns der Museumswärter auf die ungewöhnliche Uhr aufmerksam, die der frühere Präsident selbst entworfen und eingerichtet habe. Es ist ein einzigartiger Zeitmesser, dessen Pendelgewicht bei jeder Sekunde an der einen Tür hinaufgeht und an der anderen Tür herunterfällt. Weil sich Mr. Jefferson aber beim Ausmessen der Raumhöhe verrechnet hatte, mußte er ein Loch in den Boden schlagen, um die Uhr zu befestigen.

Ich starrte in das große, häßliche Loch im Flur dieses wunderschönen Hauses und flüsterte Bill zu: »War er verheiratet?«

»Nicht glücklich«, flüsterte Bill zurück.

Kreatives Streiten

Wenn Ehepaare sagen: »Wir streiten nie«, ist der Satz unvollständig. »Wir streiten nie in der Öffentlichkeit / vor den Kindern / während des Sex«, das ist möglich. Aber mit Leuten, die sich einig sind, nie uneinig zu sein, stimmt etwas nicht.

Psychologen meinen sogar, daß mancher Streit der Ehe nützen kann. Die Eheleute haben dabei die Chance, ihren Zorn auszudrücken und womöglich sogar zu erfahren, wie sich ein Kompromiß für ihre unterschiedlichen Meinungen finden läßt.

Ich kann ohne falsche Bescheidenheit sagen, daß ich ziemliche Fertigkeit erlangte im Ausdruck meines Zornes. Wodurch? Üben, üben, üben.

Ich war an den hinreißendsten Wortgefechten, die der Zorn je hervorgebracht hat, beteiligt. Daß ich verheiratet blieb, reicht an ein Wunder heran. Solche Streits sind nichts für Amateure. Spielen Sie sie nicht zu Hause nach! Ich führe sie nur auf, um zu zeigen, wie kreativ man werden kann.

Die nächtliche Konfrontation. Sie sind gerade ins Bett gestiegen. Ihr Ehemann fühlt sich in romantischer Stimmung. Er küßt Sie aufs Ohrläppchen und nimmt zärtlich Ihren Kopf in seine Hände. Sie flüstern: »Warum bist du so stur gegen die neuen Schonbezüge?«

Es gibt nichts, was die Leidenschaft eines Mannes mehr dämpft, als wenn er eine Überweisung ausstellen muß, gerade bevor er seine Frau umarmen möchte.

Ein weiterer gefährlicher Stimmungskiller in dieser Arena lautet: »Ich kann nicht mit dir ins Bett gehen, wenn eine Mücke im Schlafzimmer ist.« Nachdem einmal nachts Bill eine halbe Stunde lang Jagd auf dieses Biest gemacht hatte, gelang es ihm endlich, den Störenfried im Bad zu stellen und zu töten. Nachdem er ihn zerdrückt hatte, hielt ich ihm einen zweistündigen Vortrag über das Recht aller Lebewesen auf Leben.

Kinder bieten ein weites Schlachtfeld für Streitigkeiten. Daß man sich über seine Kinder nicht einig ist, ist nichts Besonderes, aber die Wahrscheinlichkeit, daß eine Mutter und ein Vater alle ihre Kinder gleichzeitig an einem bestimmten Tag lieben, ist gleich Null.

Politische Auseinandersetzungen sind auch nicht zu verachten. Diese Zänkereien liebe ich besonders, weil man daran für die nächsten vier Jahre wiederzukäuen hat. Jedesmal, wenn die Mülltonne überfüllt ist oder man einen Glassplitter in der Tortilla findet, kann man seinen Mann (oder seine Frau) dafür verantwortlich machen, weil er seine (sie ihre) Stimme für irgendeinen Neandertaler im Weißen Haus gegeben hat.

Riskante Streits machen besonderen Spaß. Der nachfolgend Geschilderte zeugt von besonderer Genialität. An einem Tag der Meisterschaftsspiele beschloß ich, die Möbel umzustellen und bei dieser Gelegenheit den Teppichboden zu saugen. Versuchen Sie so etwas nie, wenn Sie mit ihrem Mann allein zu Hause sind.

Um gerecht zu sein, auch mein Mann entwickelte eine besondere Kunstfertigkeit, Anlässe für einen Streit zu schaffen. Einer davon, der sofortige Wirkung zeitigt, lautet: Ich-habe-mich-nicht-Verfahren. Wir konnten mitten in einer Rinderherde von 15000 Tieren stecken oder durch drei Zeitzonen gefahren sein, und er würde immer noch nicht zugeben, sich verfahren zu haben.

Auf versteckte Kritik beiße ich immer an. Das ist der

stumme Streit. Wenn ich mich mittags hinlegte, hatte ich nach dem Aufstehen immer das Gefühl, ich müsse die Heizung höher stellen. Als ich eines Nachmittags den Thermostat zwei Grade weiterdrehen wollte, sah ich eine Mitteilung daran kleben. Ich las: »Abfall der Körpertemperatur während des Schlafes ist nichts Ungewöhnliches. Im allgemeinen stellt sich die normale Körpertemperatur bei Wiederaufnahme der normalen Tätigkeit sofort wieder ein. Zu normalen Tätigkeiten zählt nicht das Höherdrehen der Heizung.«

Diese Beispiele waren natürlich nur für Professionelle. Neulinge sollten lieber mit einfachen Meinungsverschiedenheiten anfangen.

Beispielsweise: Ihr Mann haßt Brokkoli. Er muß sich übergeben, wenn er sie nur sieht. Er merkt sofort, wenn Sie heimlich Brokkoli ins Haus geschleppt haben. Er hat Ihnen eingeschärft, nie und nimmer Brokkoli zu kochen. Sie sind zum Essen eingeladen, und die Gastgeberin, in einem engen Kaschmirpullover, stellt ihm Brokkoli hin, die er nicht nur verschlingt, sondern obendrein mit dem Kommentar bedenkt: »Schatz, kannst du dir nicht dieses Brokkoli-Rezept geben lassen?«

Lassen Sie sich seine Von-oben-herab-Attacken nicht bieten. Die nächste Gelegenheit zurückzuschlagen bietet sich spätestens dann, wenn der Toaster streikt: »Stich nur mit der Gabel im Toaster herum, solange er eingesteckt ist, dann brauchst du nie mehr zum Friseur zu gehen.«

Streitigkeiten mit Erweiterungsmöglichkeiten liebe ich ganz besonders. Wissen Sie, die, in die nicht nur zwei Personen verwickelt sind, sondern gleich mehrere Familienmitglieder.

Die Konfrontation, die unsere Ehe an den Rand der Scheidung gebracht hat, ging um eine Brotbackmaschine.

Wir hatten eine für meine Mutter als Weihnachtsgeschenk besorgt. Meine Mutter ist eine Frau, die keine Schachtel zusammensetzen kann, aber sie backt Brot selbst in der Backmaschine.

Als ich das Mehl in das Gerät kippte, bemerkte ich, daß jemand hinter mir stand. »Solltest du nicht zuerst die Gebrauchsanweisung durchgehen?« fragte Bill. (Er hält Gebrauchsanweisungen für etwas, das nahe an die zehn Gebote heranreicht.)

»Ich gehe durch gar nichts und nirgendwohin. Bring mir ein Glas Wasser!«

Er schlug den Deckel herunter, daß es mir fast die Finger abquetschte. »Warte mal! Was machst du denn mit der Digitaleinstellung?«

»Ich drücke auf den Knopf, auf dem ›START‹ steht«, sagte ich kriegerisch.

»Du wirst nichts dergleichen tun. Du weißt ja noch nicht mal, wann du die Hefe dazugeben sollst.«

»Ich habe eine unglaubliche Nachricht für Sie, Herr Haberecht: Die Hefe ist bereits zugesetzt!«

Ich drückte auf den Knopf. Ein rotes Licht leuchtete auf. Er wurde richtig blaß. »Du hast nicht die leiseste Ahnung, was jetzt passiert«, warf er mir vor. »Würde es dich umbringen, wenn du zuerst mal die Gebrauchsanweisung lesen würdest?«

Wir kabbelten drei Stunden lang miteinander. Einer unserer Söhne kam in die Küche, gerade als der Piepston verkündete, daß das Brot fertig sei.

Ich öffnete den Deckel, und mein Sohn und ich sogen den Hefegeruch ein. Als ich den Laib herausnahm und auf ein sauberes Handtuch gleiten ließ, blieb ein Teil am Rand des Gefäßes hängen. Mein Sohn fischte sich ein Messer und fuhr damit an den Rändern entlang.

»Das ist doch nicht die Möglichkeit!« schrie mein Mann. »Eine Unterschrift, und ihr landet beide im Irrenhaus. Hier steht in der Gebrauchsanweisung, daß man

NIEMALS einen scharfen Gegenstand benützen darf, um das Brot aus dem Backgehäuse herauszulösen, weil man sonst das Metall verkratzt.«

Ich unterdrückte den Impuls, ihm meine Salatschleuder mit den Karotten an den Kopf zu werfen.

»Dad«, sagte unser Sohn, »der Teig löst sich aber.«

»Mit roher Gewalt kann man alles hinkriegen«, bemerkte mein Mann bitter.

Jetzt waren schon drei in die Sache verwickelt.

Später, als die Geschichte meiner Mutter wiedergegeben wurde, sagte sie: »Da hat Erma aber auch recht. Es geht auch ohne Gebrauchsanweisung.«

Unser kleiner Streit war auf dem besten Wege, einen tiefen Graben zu ziehen, der alle Bindungen für immer zerstören würde. Entweder man glaubte daran, daß man die Gebrauchsanweisung einer Brotbackmaschine studieren mußte – oder man glaubte es nicht. Da gab es keinen Kompromiß.

Meine persönliche Vorliebe gilt aber der »Darüber-streite-ich-nicht«-Haltung. Ich hätte Bill nie im Leben verraten, worüber ich mich geärgert hatte. Immer wenn er fragte, was los sei, schaute ich ihn scharf an und sagte: »DU weißt es.« Nach einiger Zeit fing er an zu glauben, er wisse es. Er sagte: »Entschuldige« und versprach, nie mehr zu tun, wovon er anfangs nicht gewußt hatte, es getan zu haben.

Experten behaupten, Streit sei gesund für die Beziehung und festige die Partnerschaft über die Jahre hinweg. Man müsse nur wissen, wann man verschiedener Meinung sein durfte, wie weit man gehen konnte und wie man den aufsteigenden Zorn im Zaum zu halten hatte.

Ich zum Beispiel erwähne das Wort »Brotbackmaschine« nie im Urlaub. Damit würde ich allen die Ferien verderben.

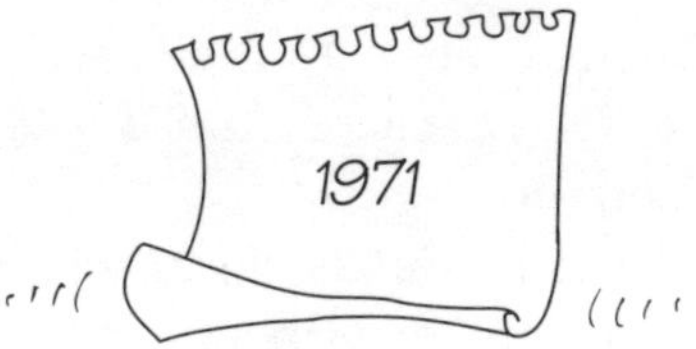

Teenager

Während einer bestimmten Zeit unserer Ehe, wo sich alles hätte zum besten fügen sollen, ruderten Bill und ich in einem Meer von Disharmonie herum, unfähig, miteinander umzugehen, in einem Elendszustand.

Das war, weil uns drei Teenager tyrannisierten. Sie waren allgegenwärtig. Sie zogen sich hinter versperrte Türen zurück, durch die heulende Gitarren dröhnten, daß man Zähneklappern und Herzdrücken bekam. Sie standen wie Betonstatuen vor dem Kühlschrank und warteten, daß sich etwas tat. Sie verbrauchten Handtücher wie Papiertaschentücher und Shampoo, als flösse es aus dem Wasserhahn. Das Telefon diente als Nabelschnur zur Welt. Trennte man sie davon, gerieten sie außer sich. Sie bekamen Taschengeld fürs schiere Atmen.

Als die Kinder klein waren, war das ganz anders gewesen. Da gab es Regeln, und wenn die nicht eingehalten wurden, gab es keine Vergünstigungen. Jetzt waren wir eindeutig im Hintertreffen: 3:2.

Uns war nicht nur die Kontrolle über unsere Brut verloren gegangen, wir hatten vor allem jedes Selbstgefühl verloren. Wir wußten nicht mehr, wer wir eigentlich waren. Jeder Tag, den man mit Teenagern verbringt, ist wie die beiden letzten Tage einer fünfjährigen Schwangerschaft: Man wacht auf und denkt: »Wann ist es endlich vorbei?«

Man kommt an den Punkt, wo man sich nicht mehr erinnern kann, wie das ist, wenn man eine Toilette benutzt, ohne nicht ZUERST die Wasserspülung zu betätigen … oder ein Kilo Bananen hat, das länger als fünfzehn Minuten vorhält.

Wir schmiedeten heimlich Pläne, wie wir ein Stück des Kuchens, der uns rechtmäßig gehörte, ergattern könnten. Manchmal huschten wir nachts ins Wohnzimmer und schnappten uns die Fernbedienung, um uns eine Fernsehsendung anzusehen, die uns gefiel, aber das gelang so gut wie nie.

Wir wollten abends ausgehen. Unser Fehler, daß wir nicht vorher überprüft hatten, ob unser Wagen in der Garage stand.

Die Zeit, in der Bill und ich noch allein gewesen waren, war lange vorbei. Glücklicherweise sind wir zwei Menschen, die dieselben Wünsche haben.

Ich machte mich gerade fertig, zu Bett zu gehen, und rief Bill zu, der sich im Bad die Zehennägel schnitt: »Erinnerst du dich noch, wie gern wir früher die Möbel umgestellt haben? Wenn die Kinder ausziehen, möchte ich einiges verändern.«

»Weißt du, was ich gerade gedacht habe?« schrie er zurück. »Ich würde gern wieder zur Uni gehen und meinen Doktor machen.«

»Vielleicht könntest du uns einen Gemüsegarten anlegen, in dem wir herumwerkeln könnten. Da hätten wir was Gemeinsames.«

»Ich hatte schon immer ein Faible für Verwaltung, und mit einem Doktortitel käme ich weiter«, sagte er.

»Dein alter Sessel muß raus. Ich weiß, du magst ihn, aber ich möchte was in Chintz.«

»Und weißt du was?« sagte er aufgeregt, »Wenn die Kinder weg sind, möchte ich ein Fitneßprogramm anfangen. Was ich wirklich gern erreichen möchte, ist eine Kondition, mit der man den Boston Marathon mitmachen kann.«

»Vielleicht könntest du für das Wohnzimmer neue Fensterläden besorgen. So große, weiße. Du hast doch früher so gern gestrichen.«

»Wenn ich ein Motorrad hätte, könnten wir uns das Auto sparen. Ich könnte damit zur Uni fahren. Vielleicht laß ich mir einen Bart wachsen. Ich wollte schon immer einen Bart haben.«

Ich stand in der Badezimmertür und sah ihn an. »Was hast du gesagt?«

»Ich sagte, vielleicht laß ich mir einen Bart wachsen und fahre mit dem Motorrad.«

Wer war dieser Mann? Jedenfalls nicht der, den ich vor zweiundzwanzig Jahren in Dayton, Ohio, geheiratet hatte.

Wie kann Laura Ashley bei Easy Rider ihr Glück finden? Er entwickelte sich in die eine Richtung und ich in die andere.

»Ich habe gedacht, wir könnten uns ein Konzertabonnement nehmen«, sagte ich.

»Ich habe gedacht, wir könnten ein bißchen reisen«, sagte er.

Wir krochen ins Bett, und er machte das Licht aus.

Ich starrte ins Dunkel. Und wenn diese drei Freßmaschinen, die wir aufzogen, alles waren, was wir nach all den Jahren gemeinsam hatten? Was, wenn wir eines Morgens aufwachten und merkten, daß wir nicht mehr über dieselben Sachen lachen konnten ... über dieselben Sachen weinen konnten ... uns nichts mehr an denselben Sachen lag?

Es war so viel von unserer Energie auf die Familie konzentriert worden, daß wir wenig Zeit füreinander gehabt hatten. Konnten wir das so weiterlaufen lassen und würde dennoch etwas übrig bleiben, worauf sich bauen ließ?

Wie sollten wir diese drei menschlichen Wesen sehen,

die unser Leben so einengten? Waren es Haustiere, die uns gehörten, die wir zur Sauberkeit erzogen und denen wir Sozialverhalten beibrachten? Undankbare kleine Kreaturen, denen wir Nahrung und Wohnung gaben und deren Impfungen wir überwachten?

Oder waren es Elektrogeräte mit lebenslanger Garantie, die uns zu dienen hatten wie ein Toaster?

Manchmal verhielten wir uns so, als wären sie Aktien, für die wir gutes Geld aufwandten und bei deren Eintritt ins Erwachsenenalter wir reiche Dividenden erwarteten. Diese Investitionen sollten sich auszahlen, wenn es mit uns bergab ging.

Manche Eltern betrachteten ihre Kinder wie gebrauchte Autos, die man fährt und deren man sich entledigt, sobald sie Geld kosten.

Und wieder andere sahen ihre Kinder als Spiegel, die ihr eigenes Wesen, ihre eigenen Wünsche widerspiegelten. Und wenn sie eines Tages in diese Spiegel schauten und einen Sprung sahen oder ein verzerrtes Bild, das ganz anders war als das eigene, trennten sie sich von ihnen und betrachteten ihr Leben als verfehlt.

Wie sahen Bill und ich unsere Kinder? Waren sie das Sicherheitsnetz unserer Ehe? Wenn wir nicht miteinander redeten, gingen wir dann zu den Kindern? Benützten wir sie für unsere persönlichen Triumphe? Mischten wir uns in ihr Leben, um uns vor unserem eigenen Leben zu drücken?

Ich brach das Schweigen. »Bill, wie siehst du unsere Kinder?«

»Selten«, brummte er.

»Ich sehe sie als Drachen«, sagte ich. »Man verbringt ein Leben damit, sie aufsteigen zu lassen. Man läuft mit ihnen, bis man ganz außer Atem ist … Sie stürzen ab … Man verlängert den Schwanz … Sie stoßen an die Spitze des Hausdachs … Man holt sie aus der Dachrinne … Man flickt sie und redet ihnen gut zu, bringt ihnen was bei. Man sieht zu, wie der Wind sie hochträgt, und versichert ihnen, daß sie eines Tages fliegen werden.«

Bill knipste das Licht an und starrte mich ungläubig an.

»Schließlich erheben sie sich in die Luft«, fuhr ich fort, »aber sie brauchen eine längere Leine, und du gibst ihnen immer mehr Schnur, und jedesmal, wenn du ein neues Stück vom Knäuel abwickelst, bist du gleichzeitig traurig und froh, weil der Drachen steigt und immer weiter wegfliegt, und irgendwie weißt du, daß es nicht mehr lange dauert, bis dieses schöne Wesen die Lebensschnur, die dich mit ihm verbunden hat, zerreißt und sich emporschwingt, wie es sich ja emporschwingen soll ... Allein und frei.«

»Bist du fertig?« sagte Bill schließlich.

»Ja.«

»Weil nämlich einer deiner Drachen eben den mittleren Garagenpfosten gerammt hat, und er ist nicht Vollkasko versichert.«

Die sexuelle Revolution

Es war eine schlimme Woche gewesen. Der Gummi an dem elastischen Bund meiner Lieblingshose war gerissen. Der Strom fiel aus, und alles in der Tiefkühltruhe verdarb. Ein Zeitungsartikel berichtete, die Ehe werde langsam unmodern.

Das war der Gipfel von allem. Nachdem man nahezu ein Vierteljahrhundert in dieser ehrwürdigen Institution, genannt Ehe, gedient hatte, war sie jetzt passé. Es war, als habe man einen Ofen gereinigt, kurz bevor er in Flammen aufging.

Die meisten in unserer Umgebung hielten zäh durch, aber schon kursierten Gerüchte, daß sich Leute scheiden ließen, die sich viele Jahre miteinander abgerackert hatten. Schon allein der Gedanke an Untreue versetzte uns in Erregung. Wir hatten alle das »Tagebuch einer enttäuschten Hausfrau« gelesen und die ratgebenden Artikel verschlungen – besonders die, aus denen man endlich erfuhr, wie man sich als Frau zu verhalten hat, wenn man mit einem verheirateten Mann im Bett ist, der gerade einen Herzanfall kriegt. Die Journalistin handelte dieses ernste Problem so gleichmütig und sachlich ab, als gäbe sie Ratschläge, wie man ein altes Dampfbügeleisen entrostet.

Diejenige von uns, die der Versuchung am nächsten kam, war Cindy. Eines Tages beugte sich ihr Metzger über den Ladentisch und flüsterte: »Wie wärs mit einem Versuch?«

Cindy hatte »Besuch« verstanden und erwiderte freundlich: »Das geht erst in den beiden letzten Augustwochen, wenn Ed Urlaub hat.«

Als mich einmal jemand fragte, ob ich je daran gedacht hätte, von Bill wegzugehen, fragte ich: »Wohin?«

Nach außen hin schienen wir uns sicher und behaglich in unseren Ehen zu fühlen. Aber tief drinnen nagte an uns das Gefühl, daß der Wind, der über die Vorstädte fegte, auch in unser Leben Veränderung brachte. Die Straßen zur Stadt wurden von immer mehr Frauen frequentiert, die einem Beruf außer Haus nachgingen. Die Landschaft war gesprenkelt mit Fastfood-Filialen. Diejenigen von uns, die weiter ihrer Hausarbeit nachgingen und sich den minimalen Gehältern sonstwo verweigerten, hatten nur einen, der uns aus der Pampa in das 21. Jahrhundert hinausführen konnte – Phil Donahue.

Er wohnte fünf Jahre lang im Haus gegenüber, und ich konnte seine steile Karriere bis hin zu nationaler Geltung verfolgen. Phil war jederfraus Ehemann, der vielleicht nicht immer jedes Problem verstand, aber immer bereit war zuzuhören. Er war redlich und offen, und seine Fernsehshow machte uns mit Persönlichkeiten bekannt, die uns zum Nachdenken aufforderten. Er war einer der ersten Männer, der in aller Öffentlichkeit auf die Intelligenz der Frauen an der häuslichen Front anspielte: »Ihr seid besser, als ihr denkt.«

Wir klebten vor dem Fernseher, als 1973 an einem Vormittag eine hübsche, blonde Hausfrau aus Florida, Marabel Morgan, in Phils Show auftrat, um uns wieder auf den rechten Weg zu bringen, wo wir ihrer Meinung nach hingehörten: in ein zauberhaftes Haus mit einem Holzzaun drumherum und zugezogenen Gardinen, einen Ort, wo wir zum Titel ihres Buches »Die vollkommene Frau« paßten.

Marabel war das Gegengift gegen den um sich greifenden Wahnsinn, der Frauen soweit brachte, ihre Männer und Kinder zurückzulassen und außer Haus ihre eigenen Interessen zu verfolgen.

»Was bekäme Ihr Mann zu sehen, wenn er in den nächsten zehn Minuten nach Hause käme?« fing ihr Plädoyer an. »Steht schmutziges Geschirr in der Spüle und der Staubsauger mitten im Wohnzimmer? Sehen Sie schlampig aus, haben Übergewicht, tragen einen alten Hosenrock und stecken barfuß in Turnschuhen?«

»Die Frau ist Hellseherin«, sagte Helen.

Marabel fuhr fort: »Hören Sie auf, an ihrem Mann herumzunörgeln, nehmen Sie ihn, wie er ist.«

»Schwachsinn«, zischte ich.

»Wenn er abends nach Hause kommt, konzentrieren Sie sich auf seinen Körper, sehen Sie ihn wirklich an, sehen Sie ihn mit den Augen einer anderen Frau ... seiner Sekretärin oder einer Nachbarin. Sagen Sie ihm, daß Sie den ganzen Tag über nur an seinen Körper gedacht haben.«

Während Marabel beschrieb, wie man den Beischlaf in einer Badewanne der Marke XY betreibt und seinem Ehegespons in einem durchsichtigen indischen Seidentuch die Tür öffnet, hörten wir nicht nur auf, Krapfen zu verschlingen, wir hörten auf zu atmen. Nie zuvor hatten wir eine Frau so offenherzig über Sex reden hören.

Es wäre am praktischsten gewesen, man hätte Marabel schriftlich um eine Anleitung gebeten, wie man als grüne Witwe einen Mann umlegt, aber in jeder von uns schlug eine ganz andere Glocke an – etwas warnte uns, unsere Ehen weiterhin für sicher zu halten.

Mehr Paare denn je sagten »Ja«, aber sie sagten es mehrmals.

Nach der Statistik endeten 50 Prozent aller Ehen mit einer Scheidung. 60 Prozent dieser Geschiedenen verheirateten sich innerhalb von fünf Jahren wieder. Und drei Viertel von diesen wiederum heiratete ein drittes und viertes Mal. Die am weitesten verbreitete Diät der siebziger Jahre war eine Scheidung und 500 Kalorien am Tag.

Zu Beginn des nächsten Jahrzehnts würden schätzungsweise 14 Millionen Frauen denselben Ehemann miteinander teilen, dieselben Kinder, dieselben Freunde, dasselbe Konto und einen auf Gegenseitigkeit beruhenden Streß.

Einige unserer Freunde trennten sich nach langer Ehe. Eine dieser Freundinnen fragte ich: »Welchen Rat würdest du der neuen Frau deines früheren Mannes geben?« Sie sagte: »Nur drei Worte: ›Werd' nicht alt!‹«

Eine andere meinte: »Ich muß ihr wahrscheinlich Kindergeld geben. Sie hat mir einen 52jährigen Teenager abgenommen.«

Bei allem Zorn und aller Bitterkeit bemerkte ich noch eine andere Seite: Familiengleichungen. Ein ganzer Bruder und zwei Halbschwestern geteilt durch zwei Mütter (eine davon Stief-) ist gleich einem ganzen Vater plus einem Wochenendvater, geteilt durch sieben Großeltern (abzüglich derer, die schon gestorben sind) und einschließlich zwei neuer, die sich durch Wiederverheiratung multipliziert haben.

Meine Kinder kamen mit der Geschichte nach Hause, ihrem Professor sei die Gleichnamigkeit zweier Studenten aufgefallen, und er habe gefragt: »Sind Sie Zwillinge?«

»Nein«, sagte der eine, »wir sind drei Monate auseinander.«

»Dann sind Sie also Halbbrüder?«

Der andere sagte: »Ich weiß nicht so genau. Wir haben denselben Vater, aber ich lebe bei der zweiten Mutter, und er lebt bei der dritten Mutter.«

Sein Halbbruder ergänzte: »Es war einfacher, als wir Vettern waren.«

Konnten wir es uns wirklich leisten, so selbstzufrieden dahinzuleben? Gab es möglicherweise da draußen jemanden, den es nach einem Mann gelüstete, dessen höchste erotische Wahnvorstellung heiß aufgetragene Suppe war?

Man hätte schon blind sein müssen, um nicht sofort die zweiten Frauen bei gesellschaftlichen Anlässen zu erkennen.

Die altgedienten Dinosaurier-Ehefrauen waren frisch geschminkt und standen eisern und einig in Reih und Glied.

Die zweite Besetzung war halb so alt wie ihre Ehemänner, oft um einiges größer, man sah ihre Hüftknochen und ihnen an, daß sie ihre Rechte genau kannten. Wenn sie ihren Männern zärtlich ins Ohrläppchen bissen und ihnen tief in die Augen schauten, waren sie fest entschlossen, den Gedanken zu verdrängen, daß die männliche Potenz ihren Höhepunkt mit 18 Jahren erreicht.

Auf die eine oder andere Art beneidete ich diese weiblichen Trophäen. Sie hatten diesen gewissen Blickaustausch mit ihrem Gatten, der besagte: »Komm, gehn wir nach Haus!« (Das hatten wir auch mal gehabt.) Sie hörten voller Aufmerksamkeit zu, wenn der Ehepartner sprach. (Wir hatten nicht nur bereits alle Geschichten voneinander gehört, wir brauchten uns schon, um sie zu Ende zu erzählen.) Auf sie warteten Kinder, Häuser und Berufe. (Wir hatten das alles schon hinter uns.)

Wir konnten nicht umhin, unsere Männer anzuschauen, ein wenig beleibt um die Mitte, der Kopf schon etwas gelichtet, der Gang ein bißchen schwerer, und unwillkürlich zu denken: Irgendwo kommt heute nacht seine neue Frau zur Welt.

Ich weiß nicht, ob Sex tatsächlich plötzlich so ein Thema wurde oder ob wir nur offener darüber sprachen.

Jedenfalls war alles sexy, vom Deodorant bis zu den Pfefferminzpastillen, von der Zahnpasta bis zu den Autos. Es gab andere Filme. Zensoren, die früher durchdrehten, wenn einer der miteinander im Bett Liegenden nicht einen Fuß auf dem Boden behielt, gab es nicht mehr. Küssen wurde nicht nur eine aerobische Übung, es ähnelte dem heißhungrigen Verschlingen eines späten Abendessens. Man konnte keine Zeitung oder Zeitschrift mehr aufschlagen, wo die Leute nicht wie zwitschernde Kanarienvögel ihr Sexualleben ausplauderten.

Wir waren darüber informiert, daß sich mehr Leute am Sonntag als an jedem anderen Wochentag liebten. Wir wußten, daß die Hauptverkehrszeiten zwischen 10 Uhr abends und 7 Uhr morgens lagen.

Wir erfuhren, daß bei Stromausfall die Geburtenrate neun Monate später deutlich anstieg.

Wir erfuhren, daß mehr Frauen als Männer auf der Wandseite des Bettes schliefen.

Wir erfuhren, daß Männer, die Boxershorts tragen, eher Väter werden.

Wir erfuhren, daß Jogging das sexuelle Verlangen steigert.

Wir erfuhren, daß Knoblauch immer noch die sicherste Verhütungsmethode ist.

Wir erfuhren, daß man nach dem 60. Lebensjahr Sex als »interessant« bezeichnet.

Wir erfuhren, daß man beim Liebesspiel 150 Kalorien verbraucht, gerade soviel, wie man braucht, um einem Hund ein Stöckchen zu werfen.

Wir erfuhren, daß sich die Häufigkeit der Liebesspiele von 7,4 mal pro Woche bis 9,64 mal belief.

Wir erfuhren nicht nur Dinge, von denen uns unsere Mütter nichts gesagt hatten …, wir erfuhren Sachen, die unsere Mütter nicht einmal wußten.

Was mich vermutlich am stärksten traf, war eine über

das Fernsehen verbreitete Theorie, daß die Einschaltquoten sinken, wenn Paare heirateten. Und das mir, nach meinen Erfahrungen!

Laut und deutlich wurde die Botschaft verkündet, daß es kein Leben außerhalb des Bettes gebe. Wer im Film die beiden Hauptfiguren rasend vor Leidenschaft darstellte, war des Erfolges beim Publikum sicher.

Man behauptete, die Ehe sei passé. Mit der Darstellung einer legalen Beziehung lockte man keinen Hund hinter dem Ofen hervor.

Lagen die besten Jahre hinter uns?

Sirenentöne über die Ehe erfüllten die Luft wie Leuchtkäfer sommerliche Nächte. Eine gute Ehe brauchte »Ich-Botschaften«, durch die Paare ihre Gefühle austauschten. Sie brauchten ein »Feedback«, damit der Partner erfuhr, wie man auf das von ihm Gesagte reagierte. »Kommunikation« wurde zum Schlagwort der siebziger Jahre. Jemand hatte ausgerechnet, daß Verheiratete nur 30 Minuten pro Woche miteinander sprachen. Die Gründe wurden der frühen Kindheit zur Last gelegt, dem Wegfall fester Abendessenszeiten und dem Fernsehen.

Ich persönlich war der Meinung, daß es daher kam, daß wir uns alles Interessante in der ersten Woche erzählt hatten und uns seitdem nur wiederholten ... indem wir immer dieselben Geschichten aus der Verwandtschaft und unserer Kindheit erzählten, immer dieselben Fehler am anderen benörgelten, dieselben Klagen über dieselben Kinder austauschten und dieselben Gefühle aufwärmten.

Man war eben ständig aufgewühlt, alles wurde in Frage gestellt. Wir waren auf einer Party, als unsere Freundin Marilyn verkündete: »Es vergeht kein Tag, daß Charlie und ich einander nicht etwas Wesentliches sagen. Wesentliche Gespräche sind wichtig für den Erfolg einer Ehe. Es ist ja wirklich so, wenn man sich nichts Wesentliches mehr zu sagen hat, geht die Ehe langsam in die Brüche.«

Auf der Heimfahrt von der Party brach ich ein fünfzehnminütiges Schweigen: »Haben wir jemals ein wesentliches Gespräch gehabt?«

»Ich glaube nicht«, sagte Bill.

Schweigend fuhren wir etwa fünf Kilometer weiter. Schließlich sagte ich: »Was ist ein wesentliches Gespräch?«

»Weiß ich auch nicht so recht«, sagte er.

»Woher wissen wir dann, daß wir keins hatten?«

»Ich glaube, es ist ein Gespräch über etwas von Bedeutung... wie über das Ölembargo oder über den Kommentator Paul Harvey«, sagte er.

»Was ist damit?« fragte ich.

»Womit?«

»Mit dem Ölembargo und mit Paul Harvey.«

»Es muß ja nicht das Ölembargo oder Paul Harvey sein. Es kann jede Unterhaltung über irgendwas Bemerkenswertes sein.«

»Ich hab mich gestern beim Rasieren der Beine geschnitten.«

»Das ist für niemand außer dich bemerkenswert.«

»Ich habe DEINEN Rasierapparat benützt. Übrigens«, setzte ich hinzu, »ich hab' dich gestern in der Schule angerufen.«

»Was Wichtiges?«

»Du erinnerst dich nicht mehr? Ich sagte dir, du solltest schnell nach Hause kommen. Ich hätte Verlangen nach dir.«

»Was hab' ich geantwortet?«

»Du hast den Hörer aufgelegt«, erwiderte ich eisig.

Die sexuelle Revolution würde auch die Ehen der künftigen Generationen belasten. Ich fürchtete mich vor dem Tag, an dem unsere Kinder uns fragen würden, was wir für die sexuelle Befreiung getan hätten.

Ich hatte das sichere Gefühl, mit der Antwort »Ich habe sie in meine täglichen Fürbitten eingeschlossen« nicht in die Geschichte einzugehen.

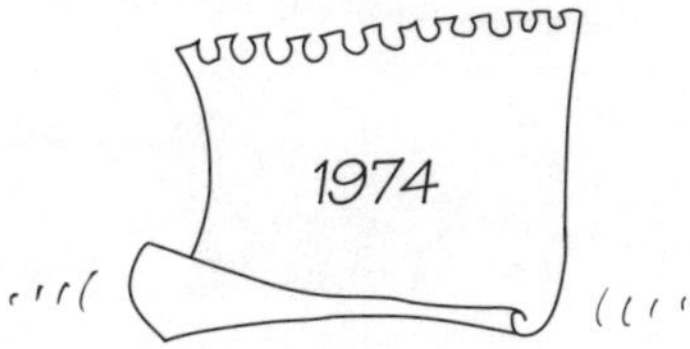

Die Dinosaurier

Wir sahen ein wenig lächerlich aus – zwei 47jährige Erwachsene mit spitzen Hüten, die mit einer Schlaufe unter dem Kinn festgehalten wurden, allein an einem Tisch im Garten.

Neben uns ein rauchender Grill, der die ohnehin schon fast unerträgliche Augusthitze Arizonas in eine ganz besondere Hölle verwandelte.

So hatte ich mir unsere Silberhochzeit ganz bestimmt nicht vorgestellt.

Immer wenn ich davon träumte, stellte ich mir ein großes weißes, mit Blumen geschmücktes Zelt vor, in dem eine sechsköpfige Band für mehrere hundert Gäste aufspielte. Gleich darauf tauschten mein Mann und ich diamantenbesetzte Armbänder aus, bevor er mich mit Heidelbeeren fütterte, die es um diese Zeit eigentlich gar nicht gab. Und dann spielte die Band unser Lieblingslied »Our Love ist Here to Stay«, während wir eng umschlungen über den Tanzboden glitten.

Später warfen wir Papierschlangen vom zweiten Deck eines Schiffes und erhoben unsere Champagnergläser, während unsere zu Tränen gerührten Kinder zu uns heraufwinkten.

Die Wirklichkeit aber sah so aus, daß unsere Kinder ein paar Hamburger und Würstchen auf den Grill geworfen und sie gierig verschlungen hatten, um anschließend uns das Aufräumen zu überlassen. Auf dem Gartentisch lagen die Geschenke: zwei gleiche Bademäntel in Einheitsgröße und von meinem Mann ein Duschkopf, der vom sanften Strahl bis zum Düsenjet alles zu bieten hatte.

25 Jahre. Es hat einmal eine Zeit gegeben, da hätten wir dafür in einer gewissen Fernsehsendung tosenden Applaus bekommen. Aber das war einmal.

Die Jüngeren beäugten einen, als wäre man ein prähistorisches Wesen, dessen Gehirn nicht mehr in der Lage ist, den Körper zu lenken. Die Gleichaltrigen schüttelten nur angewidert den Kopf und flüsterten sich hinter vorgehaltener Hand zu: »Sie würde ihn auf der Stelle verlassen, wenn sie noch andere Chancen hätte.«

Wenn ich die Sonntagszeitung las, schlug ich immer häufiger die Seite mit den Jubiläen auf... Menschen, die 50 oder 60 Jahre Ehe überlebt hatten. Auf seltsame Art waren sie meine Zukunft, sie, die nebeneinander saßen, ohne sich zu berühren, und mit stierem Blick in die Kamera starrten. Ihr Haar war schütter, darunter schimmerte rosig die Kopfhaut durch. Bei ihm war es nicht anders. Ihre Wangen waren schlaff und ohne eine Spur von Lächeln. Beide Gesichter von Falten und Furchen gezeichnet, in denen jedes Samenkorn aufgegangen wäre, beide trugen die gleiche Brille.

Ich wußte, daß es nur eine Frage der Zeit war, bis Bills Bart nur mehr ein weißer Flaum sein würde und ich einen Schnurrbart hatte. Und dann würde uns kein Mensch mehr unterscheiden können.

Schon jetzt hatten sich unsere Ansichten, unsere Geschichten, unsere Meinungen und Einstellungen in einem Maße angenähert, daß wir kaum noch wußten, wo der eine anfing und der andere aufhörte. Jedesmal, wenn Bill den Witz von der Ente in der Sauna zum besten gab, wußte ich genau, an welcher Stelle er sagen würde: »Hilf mir doch bitte bei der Pointe, Liebling.«

Und es gab nicht einen einzigen anderen Menschen

95

außer ihm, der auch nur die leiseste Ahnung gehabt hätte, was ich mit dem »Klingeln« in meinem Ohr meinte.

Im Geiste ging ich die Liste der Dinge durch, die ich vor 25 Jahren an ihm hatte verändern wollen. Er kam immer noch regelmäßig zu spät und hatte immer noch zwei linke Hände. Mit seinen Kumpels verbrachte er zwar weniger Zeit ... dafür joggte und angelte er jetzt um so mehr. Ich servierte ihm ein- oder zweimal die Woche Gemüse, und er war zufrieden, daß er sich gesund ernährte. Der Bürstenhaarschnitt war inzwischen verschwunden, aber das war keineswegs mein Verdienst, sondern das von Mutter Natur.

Zum erstenmal fragte ich mich, ob auch er damals eine Liste meiner unliebsamen Eigenschaften erstellt hatte und welche Fortschritte er wohl verzeichnete.

Bill kratzte den letzten Hamburger vom Grill und fragte: »Willst du? Wenn nicht, werf ich ihn in den Müll.«

Weil meine Ader, die nichts verschwendet, sich in diesem Moment meldete, landete der Hamburger bei mir im Mund.

»Ein schöner Tag«, sagte Bill.

»Wußtest du, daß Richard Burton Liz Taylor zum Hochzeitstag einen kostbaren Diamanten schenkte und sie ihm einen bodenlangen Pelzmantel?«

»Was sollte ich mit einem Pelzmantel im August in Phoenix anfangen?« brummte er.

Ich musterte ihn, während er die Klappstühle in ihre Originalverpackung zurückstellte. Hinter uns lagen drei Kriege, zwei Fehlgeburten, fünf Häuser, drei Kinder, neun Autos, 23 Begräbnisse, sieben Zelturlaube, zwölf Arbeitsstellen, 19 Banken und drei Kreditgenossenschaften. Ich hatte sein Haar geschnitten, seine Fußnägel zusammengekehrt und 33488 Unterhosen zusammengelegt. Er hatte meine Füße gewaschen, wenn ich sie während der Schwangerschaft nicht sehen konnte, Binden für mich gekauft, wenn ich das Haus nicht verlassen konnte, und den Autositz in seine ursprüngliche Stellung gebracht, nachdem ich ihn 18 675 Mal verstellt hatte.

Wir hatten Zahnpasta, Schulden, Schränke und Verwandte geteilt, einander Ehrlichkeit und Vertrauen entgegengebracht und unseren Kindern etwas mit auf den Weg gegeben, dessen sie sich nicht einmal bewußt waren und das sie für selbstverständlich hielten... Beständigkeit.

Er trat zu mir an den Stuhl und sagte: »Ich habe ein Geschenk für dich.«

»Was ist es?« wollte ich aufgeregt wissen.

»Etwas, was du sehr gern magst. Mach die Augen zu.«

Als ich die Augen wieder öffnete, hielt er ein Glas mit eingelegtem Blumenkohl in der Hand.

»Ich hab's vor den Kindern versteckt«, verriet er, »weil ich weiß, wie sehr du Blumenkohl magst.«

Vielleicht war Liebe ja so einfach.

Wo ist die Leidenschaft geblieben?

Es geschieht ganz unmerklich, aber irgendwann und irgendwo zwischen Umstandsunterwäsche unter dem Flanellnachthemd und der Salatschleuder zu Weihnachten bleibt die Leidenschaft auf der Strecke.

Man wird zunächst das Gefühl nicht los, daß irgend etwas fehlt. Das spannungsgeladene Knistern, das sich bei jeder Begegnung zu entladen drohte. Das Herz, das bis zum Hals klopfte, wenn sich die Hände beim Austausch von Liebesbriefen berührten, schlägt nun gleichmäßig und ruhig. Und irgendwann hat man das Gefühl, daß selbst die Möbel in der Wohnung mehr kommunizieren als man selbst.

Ich hatte nicht die Leidenschaft in Person geheiratet, aber Frauen, die Barbara Cartland lesen, achtmal »Vom Winde verweht« gesehen haben und von Paul Newman träumen, geben die Hoffnung nicht auf.

Ich erwartete nicht, daß Bill eine ganze Plakatwand mietete, um mir zum Geburtstag zu gratulieren, oder daß er mir zum Valentinstag Blumen brachte, aber einen Füllhalter und Kugelschreiber zur Geburt unseres ersten Kindes? Träume sind eben Schäume.

Frauen reden ununterbrochen und immer von Leidenschaft. Wie konnte ein Mann jahrelang mit einer Frau verheiratet sein und sie nicht kennen?

Auf den ersten Blick sehe ich vielleicht aus wie eine biedere, praktische und realistische Ehefrau und Mutter, die dahinschmilzt, wenn sie eine Kartoffelpresse geschenkt bekommt, mit der sich Rosetten aus Kartoffelbrei zaubern lassen.

Aber in Wahrheit schlägt in mir das Herz einer Femme fatale.

Ich wollte schon immer das verruchte Nachthemd haben, das Mr. Frederick im Schaufenster ausstellt, oder den hautengen Einteiler aus Tierfellimitat, vorzugsweise Leopard. Ich wollte schon immer Fingernägel, die so lang sind, daß man unmöglich Teig kneten kann, und 20 Zentimeter hohe Stöckelschuhe, die sogar die Katze verrückt machen.

Ich erinnere mich noch genau an ein Weihnachten, als ich mit Herzklopfen eine großen, Schachtel öffnete, weil ich schon eine Nerzjacke oder mindestens einen Nerzhut darin sah.

Als ich den Deckel hochhob, fiel mein Blick auf einen etwa einen halben Meter großen einfachen Holztisch mit zwei Stühlen. Aus dem Tisch ragte einsam ein vertrockneter Maiskolben. Ein kleines weißes Gatter krönte das Ganze.

»Ich geb' mich geschlagen!« rief ich. »Was ist das?«

»Rate«, entgegnete Bill.

»Barbie und Ken fahren aufs Land?«

»Nein, nein«, antwortete er ungeduldig, »denk an Garten.«

»Barbie und Ken sagen dem Cholesterin den Kampf an.«

»Fällt dir beim Wort ›Eichhörnchen‹ irgend etwas ein?«

»Wieviel mir da einfällt, kannst du dir gar nicht vorstellen«, gab ich niedergeschlagen zurück.

»Es ist ein Eichhörnchenhaus«, erklärte er aufgeregt.

Ein Eichhörnchenhaus! Der Herzog von Windsor flog am Hochzeitstag um die halbe Welt, um die Herzogin mit 38 ihrer Lieblingseissorten zu überraschen.

Der Komponist Adolph Green und seine Frau, die Schauspielerin Phyllis Newman, erhielten von Leonard Bernstein ein Arrangement des Liebesliedes »Just In Time«.

Selbst mein Zahnarzt mietete eine Plakatwand neben McDonald's, auf der in riesigen Lettern geschrieben stand: »Ich liebe Dich, Ellen.«

Ich bekam ein Eichhörnchenhaus.

Bill schien meine Enttäuschung zu spüren, denn er sagte: »Aber du hast doch alles.«

Wann war aus mir eine Frau geworden, die alles hat? Es schien grotesk, daß jemand, der seine Unterwäsche mit einer Sicherheitsnadel zusammenhält, alles haben sollte. Was würden SIE einer solchen Frau kaufen? Badesalz vielleicht? Ich habe genügend Badesalz, um damit die ganze Küste von Miami bis Key West zu versorgen. Niemand ist je auf die Idee gekommen, daß ich eigentlich lieber dusche.

Dann erlebte ich die Periode der praktischen Geschenke. Man erklärte mich kurzerhand zur Küchenutensilienkönigin. Wenn Mami auf Eischneider steht, dann muß sie doch aus dem Häuschen geraten über den Dampfkochtopf und die Spaghettikralle.

Von den nützlichen Utensilien stieg ich auf zum Kunstgewerbe. Zu einem Weihnachten bekam ich säugende Schweinchen, die in Wirklichkeit Salz- und Pfefferstreuer waren, dazu Notizblöcke in Schweinchenform und schweinchenförmige Topflappen. Das nächste Weihnachten stand unter dem Motto »Katzen«. Katzenuhr, Katzennotizblöcke, Katzenkalender, Katzenpullover und Katzen als Rezepthalter.

Einmal habe ich sogar ein Vogelhaus bekommen, das aussah wie ein Westernsaloon, und ein Gürteltier aus Keramik, das mit Cashewnüssen gefüllt war.

Ist es möglich, daß eine Ehe Geschenke wie einen

Wasserkessel oder eine Halterung für einen Trailer überlebt? Natürlich ist es möglich. Liebe und Geschenke stehen nicht in direkter Beziehung. Ich selbst habe mich damit getröstet, daß Glorias Mann ihr zum Geburtstag eine Pelzjacke kaufte und sie gleichzeitig mit seiner Zahnarzthelferin betrog.

Es gibt allerdings immer Zeiten, in der Ehefrauen die Hoffnung hegen, die verlorene Leidenschaft wieder zum Leben zu erwecken.

Eines Tages stieß ich in der Buchhandlung auf eines jener Taschenbücher, die eine sichere Wiederherstellung der Leidenschaft versprechen, sofern man die Ratschläge des Buches befolgt.

Ich blätterte das Kapitel durch, in dem – neben Duftkissen im ganzen Haus – empfohlen wird, in sein Frühstücksbrot Zettelchen zu legen, auf denen geschrieben steht: »Ich liebe dich.« (Mein Mann hätte das Zettelchen mitverspeist und sich hinterher beklagt, daß das Brot zu trocken war.)

Über das Kapitel, in dem empfohlen wurde, im roten Sportwagen auf schnellstem Wege zum Boot am See zu eilen, um jede Nacht in einer anderen Bucht zu ankern, konnte ich nur lachen.

Dagegen las ich etwas aufmerksamer das Kapitel über das Abendessen zu zweit bei Kerzenschein. Das konnte vielleicht klappen. Die Anleitung war ein Stundenplan für die Leidenschaft.

16.30 Uhr – Ich decke den Tisch für zwei, mit Hochzeitstischdecke und Kerzen. Dann putze ich den Salat und stelle die Salatteller und das Besteck zum Kühlen in den Kühlschrank.

16.45 Uhr – Schiebe das Hähnchen in den Backofen und kühle den Wein. Hole Cocktaillöffel aus dem Schlafzimmer. Nehme Nachtisch aus dem Gefrierschrank und stelle ihn zum Auftauen in den Kühlschrank.

17.00 Uhr – Schicke die Kinder ins Kino.

17.15 Uhr – Pflücke eine Hibiskusblüte im Garten und lege sie in eine Weinbrandkaraffe in der Mitte des Eßtisches. Dusche und schneide Fußnägel. Tupfe Parfum hinter beide Knie.

17.30 Uhr – Schaue nach dem Hähnchen und bereite das Gemüse vor. Setze Brötchen zum Aufbacken auf ein Backblech. Suche Schallplatten aus und lege sie neben die Stereoanlage. Sorge für gedämpftes Licht.

18.00 Uhr – Schaue die Nachrichten an. Stelle Vorspeise wieder in den Kühlschrank und die gefrorene Nachspeise, die inzwischen zerlaufen ist, zurück in den Gefrierschrank.

19.00 Uhr – Esse belegtes Brötchen und decke das Hähnchen, das zu verkohlen droht, mit Alufolie ab. Werfe die Hibiskusblüte weg, da inzwischen verwelkt, und ersetze sie durch künstlichen Weihnachtsstern.

20.00 Uhr – Höre den Wagen in der Einfahrt. Zünde Kerzen an, stelle das vom Knochen fallende Hähnchen in die Mitte des Tisches. Lege verkochtes Gemüse und eiskalten Salat auf den Teller des Ehemannes.

20.01 Uhr – Ehemann betritt das Haus und verkündet fröhlich: »Hallo, Liebling, ich bin da.«

Ich lasse mich auf einen Stuhl fallen und fauche ihn an: »Sei still! Setz dich hin und iß!«

Frauen halten in der Regel an ihren Träumen von Leidenschaft fest. Sie versuchen verzweifelt, sich einzureden, dies sei nichts weiter als eine Phase, die der Mann durchmache, um dann eines Tages mit Veilchen, die es um diese Zeit gar nicht gibt, einer Flasche Wein und zwei Flugtickets nach Paris in der Tür zu stehen, eine Durststrecke, die man irgendwie überstehen müsse.

»Was feiern wir?« fragt sie, während sie die Klobürste aus der Hand legt.

»Das Leben, mein Liebling!« antwortet er und legt ihr

den Arm um die Taille. »Ich wollte nur sagen, daß ich dich anbete!«

Aber so etwas passiert an dem Tag, an dem sich zwei Eichhörnchen an unserem Eichhörnchentisch niederlassen und einen Maiskolbendaiquiri bestellen.

In guten wie in schlechten Tagen

Die siebziger Jahre waren eine Zeit der unleserlichen Zettel am Kühlschrank, auf denen stand: »Komme heute später.« Und eine Zeit, in der Sex auf der Liste unter der Rubrik »Heute zu erledigen« aufgeführt war. Damals tauten Frauen vor dem Abendessen unter jedem Arm ein Lammkotelett auf.

Das Haus, das, nachdem unsere drei Kinder auswärts studierten, in geordnete Bahnen zurückfinden sollte, wurde zur Kommandozentrale für sich widerstreitende Karrieren.

War es möglich, daß eine Ehe diesen Wahnsinn überlebte? Wer wußte das zu sagen? Die Frage wurde damals zum erstenmal überhaupt gestellt. Die Frauen, die beschlossen, nicht länger Menschen zweiter Klasse zu sein, nannten es Revolution. Die Männer, die mit der ganzen Aufregung und Gleichheit nichts anzufangen wußten, bezeichneten es gern als Virus.

Wir kämpften auf unbekanntem Territorium, und es gab Dinge, die unsere Mütter uns nie gesagt hatten, denn sie hatten nie in einer gleichberechtigten Gesellschaft gelebt.

Wer verwaltet das Geld?

Wer trägt den Abfall nach draußen?

Wer hört auf, mit dem anderen zu konkurrieren?

Wer sorgt für einen Ölwechsel im Auto?

Über wessen Geld sprechen wir? Über seines? Meines? Unseres?

Bitten wir unsere Männer, den Tisch zu decken … oder wäre das schon ein Angriff auf ihre Männlichkeit?

Dürfen Männer ihre Frauen bitten, einen Knopf an ihre Hemden zu nähen, oder ist diese Tätigkeit unter der Würde einer berufstätigen Frau, die mit ihrem Einkommen das Haus neu streichen läßt?

Sollte eine Frau ihr Licht unter den Scheffel stellen und statt dessen dafür sorgen, daß das Selbstwertgefühl ihres Mannes nicht leidet?

Sollte ein Mann die Erfolge seiner Frau rühmen, oder klingt das nur herablassend?

Wer erzieht die Kinder? Heißt es immer noch: »Wartet nur, bis euer Vater nach Hause kommt«, oder droht man heute mit der Mutter?

Zwölf Jahre lang hatte ich Kolumnen geschrieben, die in Hunderten von Zeitungen erschienen. Ich hatte drei Bücher veröffentlicht und trat regelmäßig in der Morgensendung »Good Morning America« auf.

Nichts davon hatte mein Leben wesentlich verändert. Ich arbeitete ja zu Hause, deshalb war es ein leichtes, zwischendurch die Bohnen umzurühren, die Wäsche in die Waschmaschine zu stopfen und zwischen Schreiben und Tippen den Backofen sauberzumachen.

1976 veröffentlichte ich ein Buch mit dem Titel: »Ich stell' mein Herz auf Sommerzeit«. Das Buch wurde ein Bestseller, woraufhin sich die Zahl der Zeitungen, die meine Kolumne veröffentlichten, verdoppelte und ich plötzlich im Rampenlicht stand. Es folgte eine zehnwöchige Lesereise, während derer ich in jeder Talkshow auftrat, die ausgestrahlt wurde. Die Zeitschrift LIFE veröffentlichte ein Porträt von meiner Familie und mir. Es hätte mich nicht im geringsten überrascht, wenn mir über kurz oder lang Männer ihre Hotelzimmerschlüssel auf Flughäfen zugeworfen hätten.

Wenn ich es mir jetzt im nachhinein überlege, hätte

diese Entwicklung unserer Ehe sehr leicht den Garaus machen können.

Daß es anders gekommen ist, haben wir drei Dingen zu verdanken. Erstens verfügte ich im Alter von 49 Jahren nicht mehr über die notwendige Kraft, um ein Ego zu pflegen. Ein Ego muß täglich neu aufgebaut und ständig bestärkt werden. Der Egoist steigt morgens aus dem Bett und mißt seine emotionale Temperatur. Danach schaut er in den Spiegel und fragt: »Bin ich heute noch genauso geistreich, wie ich gestern war? Natürlich! Aber was ist mit morgen?«

Zum zweiten mußte ich feststellen, daß ich meine Berühmtheit gar nicht wirklich genoß. Das Schreiben machte mir zwar großen Spaß, aber auf das Drumherum hätte ich liebend gern verzichtet.

Und drittens hatte ich einen Mann, der mir zugestand, ich selbst zu sein. Ja, Gloria Steinem, mir zugestand! In Anbetracht seiner konservativen Erziehung und der Zeit, in der er aufwuchs, war dies geradezu bemerkenswert. Er gestand mir das Recht zu, gute und schlechte Entscheidungen zu treffen, zu arbeiten, bis ich vor Müdigkeit umfiel oder vor lauter Euphorie anfing zu singen, einen Rückzieher zu machen oder etwas völlig Neues anzufangen.

Damit will ich jedoch nicht behaupten, daß zwei ehrgeizige Menschen wie wir, die ihr Leben zusammen gestalten wollten, dies ohne Probleme tun konnten.

Ich war zuweilen wochenlang auf Lesereise unterwegs und um im Fernsehen aufzutreten, während mein Mann mutterseelenallein in einem Haus saß, in dem nicht mal der Pudding sein Seufzen hörte.

Seit die Kinder aus dem Haus waren, gab es keine anderen Gesprächsthemen mehr als unsere Arbeit, die so weit voneinander entfernt war wie der Nordpol vom Südpol. Ich erzählte ihm von meinem Plauderstündchen mit

Lucille Ball und dem Abendessen mit Phyllis Diller. Er berichtete, daß er einen Schüler von der Schule verwiesen hatte, weil er auf dem Schulgelände ein Hemd mit obszönem Aufdruck getragen hatte.

Wenn wir gemeinsam irgendwo erschienen, waren wir oftmals wie erschlagen von der Taktlosigkeit der Menschen, die ihn mit Mr. Erma Bombeck ansprachen, oder, was noch schlimmer war, wenn irgend jemand mich am Arm packte und er zur Seite gedrängt wurde, bis er schließlich in der Menge unterging.

Und dann kämpfte ich ständig gegen meine Schuldgefühle an.

Ich allein trage die Verantwortung für die Kultivierung der Schuldgefühle und ihrer Erhebung zum Sakrament.

»Was bin ich bloß für eine Mutter?« klagte ich eines Tages meiner besten Freundin. »Ich backe nicht einmal mehr das Brot selbst.«

Sie starrte mich einen Moment lang an, dann sagte sie: »Aber du hast doch noch NIE Brot gebacken.«

»Deswegen fühle ich mich ja auch schuldig.«

Ich war egoistisch. Ich war keine gute Ehefrau. Meine Geschirrtücher waren grau und hätten gebleicht werden müssen. Das Schrankpapier klebte seit 1960 in den Schränken. Ich glaube, ich hätte mir damals sogar den Vietnamkrieg angelastet.

Meine Garderobe vergrößerte sich, meine Steuernachzahlungen erhöhten sich, und mein Selbstbewußtsein wuchs. Man hätte meinen können, daß im Vergleich dazu Bills Welt schrumpfte, aber ich erkannte etwas an ihm, was mir, als wir geheiratet hatten, nicht bewußt gewesen war.

In der Brust dieses ruhigen, zuverlässigen, praktischen Vertreters schlug das Herz eines Mannes, der sich seiner selbst sicher war. Männer, die so in sich selbst gefestigt sind, sind eine Seltenheit. Er hatte seinen eigenen Aufstieg genossen, und jetzt konnte er sich zurücklehnen und den meinen genießen. (Auch deswegen fühlte ich mich schuldig.) Als die Rollen noch anders verteilt waren, war ich nicht halb so geduldig und verständnisvoll gewesen. Wenn er des öfteren geschäftlich verreisen mußte, lag ich ihm in den Ohren, weil ich mich vernachlässigt fühlte.

Sah er, daß ich mich selbst zu ernst nahm, lächelte er und erklärte: »Du, Erma, ich war heute in der Bibliothek, und jedes deiner Bücher ist ein Renner.«

Ich staunte jedesmal, wenn mich die Leute anläßlich eines Vortrags oder eines sonstigen öffentlichen Auftritts fragten: »Ist denn Ihr Mann nicht bei Ihnen?« Meine Antwort lautete immer gleich: »Er begleitet mich nicht zur Arbeit, weil ich ihn auch nicht zur Arbeit begleite.«

Es war eine seltsame Zeit zwischen den Geschlechtern. Auch in der Familie unserer besten Freunde gingen beide Ehepartner einem Beruf nach. Sie war eine der wenigen Frauen in einem vorwiegend männlichen Beruf. Als er sie zu einer Tagung begleitete, fand er beim Mittagessen, das für die Ehepartner der Teilnehmer veranstaltet wurde, neben seinem Teller ein kleines Parfumfläschchen. Die Nummer 7 unter seiner Kaffeetasse bedeutete, daß er den ersten Preis gewonnen hatte. Im Anschluß an das Essen startete die Gruppe zum Einkaufsbummel. Er entschuldigte sich mit den Worten: »Ich habe Krämpfe im Unterleib.«

Bill und ich fanden ziemlich bald heraus, daß jeder den anderen vor den entsprechenden Anforderungen an seine Zeit »schützen« mußte. Wenn seine Abschlußklasse ein Erstlingstheaterstück mit dem Titel »Mary Ida Goes to Rio« aufführte, sagte er: »Ich gehe für uns beide hin.« Und wenn ich als Preisrichterin bei einem Chilikochwettbewerb eingeladen war, erklärte ich: »Bleib du zu Hause. Ich schaff das schon.« Nur als ich in der Tonight Show auftrat, machte er eine Ausnahme. Aber er verfuhr sich in Burbank und erreichte das Fernsehstudio erst, als die Aufzeichnung bereits im Kasten war.

Zwei Einkommen in einer Familie bedeuteten damals nicht selten das Ende einer Ehe. Ein Ehepartner überflügelte den anderen, der dann einfach zurückblieb. Der eine war motiviert, der andere bekam die Krise. Einer wollte fliegen, der andere wollte ihm die Flügel stutzen.

Wie naiv wir doch gewesen waren. Wenn erst einmal die Fertiggerichtzeit vorbei wäre, so hatten wir geglaubt, würden wir ein freies Leben führen können. Weit gefehlt. Die Jahre, in denen wir uns abgemüht und abgeplagt hatten, waren im Vergleich zum Umgang mit Erfolg das reinste Zuckerschlecken gewesen. Und jeder muß seinen eigenen Weg finden. Ein Patentrezept gibt es nicht.

Schließlich läuft es auf das hinaus, was man von seinem Partner braucht und erwartet. Er mußte mich nicht beeindrucken, denn für mich war er ohnehin der gescheiteste Mann, dem ich jemals begegnet war. Ich brauchte ihn auch nicht im Publikum, um mit mir zu lachen oder mir zu applaudieren, denn das tat er ja schon seit Jahren zu Hause.

Was wir voneinander brauchten, war Normalität, Ehrlichkeit, Achtung und die gemeinsame Verantwortung dafür, die Realität nicht aus den Augen zu verlieren. Ich habe mit ansehen müssen, wie in den siebziger Jahren viele Ehen scheiterten, weil einer der Ehepartner allein zu Hause saß und sich das Rampenlicht vorstellte, das dem anderen zuteil wurde, der draußen in der Welt auf den Tischen tanzte.

Welches Rampenlicht?

Ich habe eiskalte Flugzeuge erdulden und Rinderfilets hinunterwürgen müssen, die wie Tragflächen schmeckten.

Ich habe in meiner Unterwäsche geschlafen, während mein Gepäck in einer anderen Stadt übernachtete ... Meine Kleider für den nächsten Tag auf dem Toilettensitz gebügelt ... Autogramme auf durchnäßte Servietten geschrieben ... Drei Stunden lang in Hotelhallen zugebracht und Leuten zugehört, die behaupteten, komische Geschichten zu schreiben, in Wirklichkeit jedoch hinter meinem Job her waren.

Ich habe mich mit Mikrophonen herumgeplagt, die nicht funktionierten ... Mit Maskenbildnern, die meine Augenbrauen abrasiert haben, die niemals nachgewachsen sind.

Einmal saß ich drei Stunden lang in einem Kaufhaus hinter einem Bücherstapel, und in der ganzen Zeit wurde ich nur von einer Frau angesprochen, die wissen wollte, wo die Toiletten seien, und von einem Mann, der sich nach dem Preis des Schreibtisches, an dem ich saß, erkundigte.

Aber das wohlwollende Empfangskomitee am Flughafen fehlte nie. Es ließ einen nicht einmal im Waschraum aus den Augen und bestand darauf, daß der Ohio River um elf Uhr nachts am schönsten sei.

Die Einsamkeit während dieser Lesereisen weit weg von zu Hause ist unbeschreiblich. Man sieht nichts (außer den Ohio in der Dunkelheit). Es finden keine »richtigen« Gespräche statt. Und wenn ich ehrlich bin, fühlt man sich auch nicht besonders produktiv.

Zur Veranschaulichung stellen Sie sich bitte eine 50jährige Frau vor, die an einem Samstag morgen um zehn Uhr in einem Hotelzimmer in Houston sitzt und sich zwei Stunden lang Zeichentrickfilme anschaut, bevor sie während eines Mittagessens eine Rede hält.

Niemand könnte über den positiven Ausgang all dessen mehr überrascht sein, als wir selbst es sind. Ich habe mir nicht Nächte um die Ohren geschlagen und alles analysiert, aber vielleicht hat alles deshalb ein glückliches Ende gefunden, weil ich, nachdem der Beifall verklungen war, die Lichter ausgingen und die Zuschauer langsam den Raum verließen, wußte, daß zu Hause ein echter Mensch auf mich wartet.

Hallo, Mami! Hallo, Papi! Ich bin wieder da!

Einer der Redner während der Schulabschlußfeier unseres jüngsten Sohnes forderte die jungen Menschen auf, »in die Welt hinauszugehen und sich zu vermehren«.

Unsere Kinder wollten sich nicht nur nicht vermehren... Sie machten nicht einmal Anstalten, in die Welt hinauszugehen. Ich war immer der Meinung gewesen, daß sie irgendwann nach dem zwanzigsten Lebensjahr ihrem Zuhause den Rücken kehren und ein eigenes Leben führen würden. Bill und ich würden uns wenigstens 15 volle Minuten allein, einsam und verlassen vorkommen können.

Tatsache war, daß sie noch nicht einmal ganz zur Tür hinaus waren, als ich bereits damit anfing, die Wände in ihren Zimmern von den dort aufgehängten Postern zu befreien, und die Übernachtungspreise an die Innenseite der Türen heftete.

Wir freuten uns schon auf unser Leben als egoistische, genießerische, materialistische Erwachsene, die wir unserer göttlichen Bestimmung nach waren. Wir aßen teures Rindfleisch, verreisten, so oft und wann wir wollten, und sorgten für hygienische Verhältnisse in den Kinderzimmern, die wir fortan »Gästezimmer« nannten.

Eines Tages dann platzte unser Dreiundzwanzigjähriger mit einer ernüchternden Nachricht in die Küche. »Ich habe die ideale Gefährtin gefunden, mit der ich den Rest meines Lebens verbringen möchte.«

»Wer ist es?«

»Sie wartet draußen in der Einfahrt«, antwortete er. »Kommt doch mit raus, und seht sie euch an.«

Wir eilten nach draußen, um die zukünftige Mutter unserer Enkelkinder kennenzulernen. Das Objekt seiner Leidenschaft war ein 1969er Zweisitzer Karman Ghia mit einem Schild im Fenster, auf dem 6000 Dollar zu lesen stand.

»Sie ist zu kostspielig für dich«, erklärte ich mit matter Stimme.

»Ich hab mir alles genau überlegt«, erwiderte er lächelnd. »Ich werde noch einen Nebenjob annehmen, so daß ich zwei Einkommen habe.«

»Bist du sicher, daß die Liebe groß genug ist?«

»Ich war mir in meinem ganzen Leben noch nie so sicher«, antwortete er. »Ich hab die Eintagsfliegen satt, die dauernd den Geist aufgeben, und die Reparaturrechnungen, die nichts als ein schales Gefühl hinterlassen. Irgendwann kommt jeder an den Punkt, wo er möchte, daß jemand Zuverlässiges auf ihn wartet, wenn er die Tür aufschließt. Schau sie dir an, Mami. Ist sie nicht eine Schönheit?«

Ich brachte ein schwaches Lächeln zustande.

»Ach, noch eins«, fuhr er fort, »ich muß meine Wohnung aufgeben und wieder bei euch einziehen.«

Ich befahl meinen Füßen, in seine Richtung zu marschieren, und meinen Armen, sich um diesen Riesenkörper zu schlingen. Ich befahl meinem Mund zu sagen: »Willkommen zu Hause, mein Sohn! Wir haben dich vermißt.« Aber nichts geschah. Bill und ich standen nur fassungslos und sprachlos da. Was war bloß los mit uns? Tante Emmy hatte doch nicht so reagiert, als Dorothy mit diesem kläffenden Hund Toto aus Oz zurückkam. Sie war glücklich. Vielleicht war es das ungute Gefühl, daß wir uns alle verändert hatten.

Unsere Freunde waren der Meinung, daß es nicht das

schlechteste sei, ein erwachsenes Kind zu Hause zu haben. Dadurch würden wir jung bleiben. Außerdem könne es, so meinten sie, anregend sein, sich mit einem dritten Erwachsenen zu unterhalten und auszutauschen. Ganz zu schweigen von der emotionalen Bindung!

In der Theorie klingt alles wunderbar. Erwachsene Kinder kommen aber dann zurück nach Hause, wenn sie entweder keine Arbeit haben oder kein Geld, krank sind oder an Liebeskummer leiden.

Ich erinnere mich noch gut an die Zeit, als unser kalifornischer Sohn (der erste, der das Nest verlassen hat) uns anrief, um uns seine Flugnummer und Ankunftszeit durchzugeben. Die ganze Familie schwirrte daraufhin umher wie ein aufgescheuchter Bienenschwarm: Bill fuhr zum Tanken, ich stellte ihm frische Blumen in sein altes Zimmer, und seine Geschwister malten ein Willkommensschild, das sie am Flughafen zur Begrüßung hochhielten.

Nach ungefähr einem halben Dutzend solcher Anrufe ließ unsere Begeisterung merklich nach, und wir losten aus, wer von uns ihn abholen würde. Als sein Bruder wieder einmal das kurze Streichholz gezogen hatte, erklärte er: »Wenn er Gepäck dabei hat, lasse ich ihn stehen.« Nachdem sich das Kommen und Gehen ungefähr ein Jahr lang hinzog, fuhren wir am Flughafen nur noch etwas langsamer, damit er die Wagenantenne zu fassen bekam und wir ihn nach Hause schleifen konnten.

Ich will damit nicht sagen, daß wir uns nicht immer über seinen Besuch gefreut hätten, aber leider war er ein Gast, den wir nie zu Gesicht bekamen.

»Bist du sicher, daß er immer noch da ist?« fragte mein Mann eines Tages.

»Ziemlich sicher. Seine Wäsche ist immer noch im Trockner, und Anrufe kommen auch noch für ihn.« Der Junge war die ganze Zeit, in der er wieder zu Hause wohnte, ein regelrechtes Phantom. Soviel zur emotionalen Bindung.

In Wirklichkeit hatten wir uns von einem Kind verabschiedet, das nicht nur Backpulver aß, sondern auch alles im Kühlschrank verspeiste, was nicht von sich aus angriff. Jetzt begrüßten wir einen Erwachsenen, der sich beschwerte, daß aus jeder Schachtel im Haus bereits Unkraut wuchs.

Er hatte sich von Eltern verabschiedet, die gesellschaftlich aktiv gewesen waren. Jetzt mußte er feststellen, daß sie gleich nach dem Abendessen ans Schlafengehen dachten.

Das Kind, das einst in einer Rekordzeit von 30 Sekunden geduscht hatte, brauchte jetzt eine Stunde und mehr als 100 Liter heißes Wasser, um sauber zu werden.

Die jungen Eltern, die immer bereitwillig Spielsachen und schmutzige Socken aufgelesen hatten, weigerten sich jetzt, seinen Teller in die Küche zu tragen.

Ein erwachsenes Kind, das wieder bei den Eltern einzieht, kann eine Ehe ganz schön ins Wanken bringen. Bill und ich unterstützten angeblich die falschen Sachen. Wir nahmen die Welt nicht ernst genug, standen dem Fernsehen nicht kritisch genug gegenüber, und unsere Freunde waren regelrechte Kriegstreiber.

Wir kleideten uns zu jugendlich, dachten zu alt, aßen zu schnell und fuhren zu langsam. Unsere Autos waren zu groß, unsere Schränke zu klein. Das Zuhause war nicht mehr das, was es einmal gewesen war, genauso wenig wie die Menschen, die darin lebten.

Als ich eines Nachts die Küche betrat, sah ich unseren Sohn vor dem sperrangelweit offenen Kühlschrank stehen und durch den Nebel, der sich aufgrund der austretenden kalten Luft bildete, ins Innere starren.

»Ich nehme an, du brauchst noch bis morgen mittag, um dir den Inhalt zu merken«, stellte ich frostig fest.

»Ich weiß nicht, was ich essen soll«, murmelte er. »Ich hab' schrecklichen Hunger.«

Ich warf die Tür zu.

»Gibt es kalte Milch?«

»Nicht mehr«, antwortete ich seufzend.

Er machte die Tür wieder auf. »Oder vielleicht doch etwas zum Aufwärmen...«

»Wie wär's mit einem Pullover?« fuhr ich ihn an und schlug die Tür zu.

Bill und ich redeten nur noch über unseren erwachsenen Neuzugang. Wenn er zu Hause blieb, machten wir uns Sorgen, daß er keine Freunde hatte. Wenn er ausging, daß er vielleicht Umgang mit den falschen Leuten pflegte. Als er noch seine eigene Wohnung gehabt hatte, war alles wunderbar gewesen. Was ich nicht weiß, macht mich nicht heiß. Wenn er nicht anrief, sagten wir uns, daß ihm wahrscheinlich eine Bibel auf den Fuß gefallen war und er deswegen nicht zum Telefon humpeln konnte. Unter unserem Dach aber war alles anders. Am liebsten hätten wir ihm ein ferngesteuertes Halsband umgehängt.

Irgendwie verfielen wir wieder in die alte Elternrolle, die wir längst vergessen glaubten. Vielleicht hatte Gott uns eine zweite Chance gegeben, unserer Rolle gerecht zu werden.

Bill lag ihm in den Ohren, er solle mehr sparen. Ich erinnerte ihn ständig daran, sein Zimmer aufzuräumen. Wir beurteilten seine Freunde, seine Kleidung, seinen Lebensstil. Und gemeinsam ritten wir immer wieder auf dem gleichen Thema herum, drängten ihn, sich ein nettes Mädchen zu suchen und sich endlich häuslich niederzulassen.

Es mutete seltsam an, die alten Rollen in einer Neuauflage der früheren Familie noch einmal zu spielen. Ich war zu alt, um die halbe Nacht wach zu liegen und auf

Motorgeräusche zu lauschen. Ich brauchte täglich meine 18 Stunden Schlaf.

Bill und ich waren ziemlich festgefahren, was unsere persönlichen Dinge anbetraf, bis hin zu den Küchenstühlen und den Fernsehsesseln, auf denen wir saßen. Wir würden, dessen waren wir uns sicher, nicht lange überleben können, wenn der Bleistift nicht neben dem Telefon lag.

Manchmal hatte ich das Gefühl, daß diese Lebensweise unserem heimgekehrten Kind mehr zu schaffen machte als uns. Er wußte nicht, welche Rolle er spielen sollte – die des abhängigen Kindes, als das wir ihn sahen, oder die des unabhängigen Mannes, der er gerne sein wollte. Um den Frieden zu wahren, spielte er beide. Wenn es an den Geschirrabwasch ging, schloß er sich, wie zu alten Zeiten, im Badezimmer ein. Und wenn es regnete, fuhr er mit seinem Wagen auf meinen Platz in der Garage und erklärte selbstsicher: »Du hast doch schließlich kein undichtes Schiebedach.«

Halbherzig legten wir täglich neue Regeln fest, die wir nicht durchsetzen konnten. Wie auch? Indem wir ihm eine Woche lang sein Fahrrad wegnahmen?

Eines Abends kam er in die Küche und fragte: »Können wir mal reden?« Ich schenkte ihm ein und ermahnte ihn: »Nicht das Kind mit dem Bade ausschütten.«

Er holte tief Luft und sagte dann: »Ich muß mir Geld von euch leihen, um mein Auto abzubezahlen, damit ich mir wieder eine eigene Wohnung mieten kann.«

Wir waren also wieder genau an dem Punkt, an dem Bill und ich an dem Abend gewesen waren, als wir meine Eltern um das Geld für ein größeres Haus gebeten hatten. Zum ersten Mal begriff ich, daß das Erwachsenwerden in ganz bestimmten, vorhersehbaren Bahnen verläuft. Wir versuchen unser ganzes Leben lang, unseren Eltern zu gefallen. Und unsere Eltern lieben uns, solange wir nicht in

Schwierigkeiten geraten, ihren Rat befolgen, erfolgreich sind, so wie sie sich den Erfolg vorstellen, und finanziell, aber nicht emotional von ihnen unabhängig sind. Es ist bitter, wenn man zugeben muß, daß man noch nicht auf eigenen Füßen stehen kann.

Als er gegangen war, dachte ich ein wenig traurig über die Eltern nach, die er in Erinnerung gehabt hatte, und die es nun nicht mehr gab. Für kurze Zeit hatten wir geglaubt, den Rhythmus, die Sorglosigkeit, die Vertrautheit und den Humor, all das, was uns einst als Familie zusammengeschweißt hatte, wieder aufleben lassen zu können. Aber wir hatten uns alle verändert und waren inzwischen Welten voneinander entfernt. Bill und ich gehörten einer Generation an, die durch Regeln, Tradition und Ziele geprägt war, und durch eine Arbeitsmoral, die uns unsere Eltern, die die große Wirtschaftskrise mitgemacht hatten, mit auf den Weg gegeben hatten.

Er dagegen gehörte einer Generation an, die in Gruppen reiste, offen über ihre »biologischen Uhren« sprach und unter Arbeit »Selbstfindung« verstand. Er brauchte nur im Lexikon unter YUPPIE nachzusehen. Das war er.

Des langen Haders müde

Die Rebellion der Jugend ist unvermeidlich, sie ist so etwas wie ein Naturgesetz. Die Kluft zwischen Eltern und Kindern hat es immer schon gegeben und wird es immer geben.

Aber die Kluft zwischen den Eltern und der Babyboomgeneration war mehr als nur das. Dieser Graben war breit und tief.

Während unsere Generation noch an die unbegrenzten Möglichkeiten glaubte, glaubten sie an die Unmöglichkeit der Dinge. Sie verspürten nicht die geringste Lust, in die Fußstapfen ihrer Eltern zu treten, die sie zu einem Universitätsabschluß und einer gesicherten Arbeitsstelle, zu Ehe und Kindern führen würde. Sie schufen ihre eigene Mode, ihre eigene Musik, ihre eigene Sprache und ihre eigenen Zeitpläne.

Die Kluft zwischen den Generationen ist nie offensichtlicher zutage getreten als in den siebziger Jahren. Als ich eines Abends in die Einfahrt unseres Hauses fuhr, mußte ich hart auf die Bremse treten. Auf meinem Parkplatz stand ein pinkfarbener Lieferwagen, der über und über mit lilafarbenen Skorpionen bemalt war. Auf dem Aufkleber auf der Stoßstange stand: »WENN SIE GOTT SCHON LANGE NICHT MEHR BEGEGNET SIND, IST ER VIELLEICHT UMGEZOGEN.«

Ich wurde das Gefühl nicht los, daß das Gefährt nicht dem Kammerjäger gehörte.

Mein Verdacht trog nicht. In unserer Küche sah es aus

wie in Woodstock. Junge Männer mit Stirnbändern und ärmellosen Westen, die als Hemden getragen wurden, tranken gierig aus Dosen. Ungeschminkte junge Frauen, die in Bettüberwürfe mit Fransen gekleidet waren, huschten mit langen, flatternden Haaren durch die Küche. Sie wollten nur ein paar Nächte bei uns pennen, während sie unsere arbeitslose Tochter besuchten, die wieder zu Hause eingezogen war.

Meine Hausregeln waren einfach. Keine Drogen. Kein Alkohol. Und niemand schläft mit einer Person des anderen Geschlechts, mit dem oder der er gegenwärtig nicht verheiratet ist, in einem Zimmer.

Jedesmal, wenn ich meine Ansage machte, handelte ich mir einen Blick von meiner Tochter ein, der ungefähr besagte: »Das-hält-man-doch-einfach-nicht-für-möglich-das-ist-doch-fast-schon-bühnenreif.«

Mich konnte sie damit jedoch nicht beeindrucken. Alle ihre Freunde stammten aus einem Elternhaus, das dem unseren ähnlich war und sich irgendwo zwischen Doris Day und Lawrence Welk bewegte. Nicht wir änderten die Regeln, sondern sie.

Ich musterte meinen Mann, der gerade verzweifelt versuchte, mit einem der jungen Männer mit einem Ohrring ins Gespräch zu kommen: »Und was halten Sie von der Cubs-Mannschaft?« – und fragte mich, was das eigentlich für Gestalten waren.

Sie lasen nicht. Sie interessierten sich nicht für Politik. Sie hielten nichts vom Sparen. Sie kochten nicht. Sie gehörten keiner Religion an. Und sie trugen nicht einmal Socken.

Als unsere drei Kinder die Dreißig überschritten und immer noch keinen passenden Lebensgefährten gefunden hatten, empfand ich das als persönliche Kränkung. Worauf warteten sie bloß? Boten wir etwa ein derart abschreckendes Beispiel? Hielten sie unsere Ehe vielleicht für eine rezeptfreie Schlaftablette? Schien sie ihnen so langweilig, daß sie lieber Abstand davon nahmen?

Warum zögerten sie, mich zur Großmutter zu machen? Irgendwo habe ich gelesen, daß eine Frau, die nicht mindestens alle 20 Jahre einen Säugling im Arm hält, verrückt wird. Und ich war inzwischen einundfünfzig und hatte nichts vorzuweisen als ein paar Enkelkatzen und Enkelhunde.

Was verlangte ich denn schon? Doch höchstens 20 oder 30 Jahre finanzieller Einschränkungen, um die Zahnspangen und Schulbücher bezahlen zu können. Und höchstens 20 bis 30 sorgenvolle Jahre, in denen pausenlos und ohne Unterlaß unterstützt, beraten und belehrt werden muß.

Eines Abends führten meine Tochter und ich unser vielleicht zweihundertstes Gespräch zum Thema Ehe, als sie plötzlich verkündete, daß eine ihrer Freundinnen mit einem ihrer Ohrringmänner zusammenziehen wolle.

»Warum heiraten sie nicht?« wollte ich wissen.

»Wozu soll denn so ein Wisch gut sein?« gab sie zurück.

»Weil die Ehe vielleicht ihre letzte Chance ist, um erwachsen zu werden. Die Ehe ist kein Spiel mehr und keine Generalprobe, sondern der Ernstfall. Der Unterschied zwischen einer Beziehung und einer Ehe ist der, daß das erstere ein Zuschauersport ist, und beim letzteren nimmt man aktiv am Spiel teil mit allen seinen Regeln.«

»Genau«, gab sie zurück, »aber was ist, wenn es nicht funktioniert?«

»Wenn du eine Garantie haben willst, dann mußt du eine Vartabatterie heiraten.«

Meine Worte fielen auf durchstochene Ohren unter einer zotteligen Haarmähne. »Fängst du deshalb wieder damit an, weil du heute mit Marianna gesprochen hast und sie dir von ihrem neuen Enkelkind erzählt hat?«

»Das Kind ist drei Monate alt und sauber, kann sprechen und die Mikrowelle bedienen«, antwortete ich traurig.

»Hab doch Geduld, Mutti. Wir haben's nicht eilig. Irgendwann wirst du schon Oma werden.«

»Wenn es nicht bald soweit ist«, erklärte ich, »laufen mein Enkelkind und ich zusammen in Windeln herum.«

In dem Maße, in dem die Ehe an Ansehen verlor, entwickelten sich neue Werte. Das Zusammenleben war meiner Ansicht nach nichts anderes als Flitterwochen ohne Trauschein. Manche sprachen von Beziehungen. Auch »freie Liebe« war ein häufig benutztes Wort. Eines Abends fragte ich meinen Sohn danach, als er auf einen Sprung vorbeischaute.

»Du verschwendest nur deine Zeit«, warf mein Mann gähnend ein.

»Mutter, freie Liebe ist, wenn ein Mensch mit einem anderen, den er gerade anziehend findet, eine Beziehung hat.«

»Dann ist das Ganze also völlig unverbindlich?«

»Es ist eine Begegnung, die nicht unbedingt von Dauer ist ... Eine Eintagsfliege, sozusagen, weil man sich kaum kennt und sich höchstwahrscheinlich nie wiedersehen wird.«

»Willst du damit sagen, daß man nicht einmal weiß, wie der andere heißt?«

»Natürlich weiß man, wie der andere heißt«, erwiderte er.

»Und wie ist es dann möglich, daß Willie Kennedy Smith von dem Mädchen, das ihn der Vergewaltigung bezichtigte, Mike genannt wurde und sie von ihm Cathie, obwohl auch sie ganz anders hieß?«

»Okay, okay, manchmal weiß man auch nicht, wie der andere heißt.«

»Soll das heißen, daß ihr Jungen zwar wißt, wie die Schlagzeuger von U2 heißen, aber nicht, wie die Mädchen heißen, mit denen ihr ins Bett geht?«

»Komm zur Sache, Mutter!«

»Die Sache ist die, daß man auf dem Standesamt ein Papier unterzeichnet, damit alle wissen, daß man dort war. Und daß man Visitenkarten drucken läßt, damit man sich anderen vorstellen kann. Auf einem Klassentreffen würde doch auch jeder seinen Namen nennen. Warum kann sich also ein Sexpartner nicht wenigstens ins Gästebuch eintragen?«

Er schüttelte nur den Kopf. »Du hast immer noch nichts begriffen.«

»Ich begreife sehr wohl. Freie Liebe ist was fürs Fernsehen. Eine unpersönliche, anonyme Begegnung zwischen zwei gelangweilten Erwachsenen. Ohne Voranmeldung und ohne spätere Verpflichtung.«

Bill schien diese junge Generation besser zu verstehen als ich.

»Laß gut sein«, bat er. »Aus unseren Kindern sind drei Erwachsene geworden, die ihre eigenen Vorstellungen, dazu Humor und Phantasie haben und ihr Leben selbst gestalten. Und genau das haben wir doch gewollt, oder nicht?«

Diese ganze alarmierende Entwicklung war so schleichend vonstatten gegangen, daß ich sie nicht einmal bemerkt hatte. Aber die Zeichen, daß meine Macht und mein Einfluß immer mehr schwanden, waren nicht zu übersehen.

Es wurde Zeit, daß wir an unsere eigene Ehe dachten.

Aber eines Tages geschah ein kleines Wunder. Dawn, eine Freundin unserer Tochter, kündigte ihre Hochzeit an.

Endlich ging jemand doch noch den traditionellen Weg. Ich umarmte Dawn und gratulierte ihr. »Du mußt mir sagen, was du brauchen kannst, damit ich weiß, was ich dir zur Hochzeit schenken soll.«

»Bei Bullocks liegt eine Geschenkliste aus«, antwortete sie.

Mir verschlug es einen Augenblick lang glatt die Sprache. Ich hatte diese junge Frau ihr Leben lang in nichts anderem gesehen als in Overall und Birkenstocksandalen. Sechs Jahre lang hatte sie in einer Strandhütte gehaust, von Seetang und selbstgepflückten Beeren gelebt und Gitarre gespielt. Ihr Haushalt hatte sich in einer Plastikgabel von McDonald's erschöpft, die sie in ihrem Stirnband trug. Und kaum war sie in den Schoß der Zivilisation zurückgekehrt, waren ihre ersten Worte »Geschenkliste bei Bullocks«.

Bei Bullocks studierten meine Tochter und ich die Wunschliste. »Schau dir das an«, murmelte ich, »Wallace, Wedgewood und Waterfront. Seit wann kennt ihr Jungen überhaupt solche Namen? Die habt ihr doch bestimmt nicht bei euren Eltern gehört.«

»Wir müssen uns entscheiden«, gab sie gelangweilt zurück. »Wie wär's, wenn wir uns zusammentun und ihr, passend zu ihrem Besteck, eine Gurkengabel kaufen?«

»Sag mal, ist Dawn nicht die, die während eines Konzerts von Grateful Dead nackt auf einem Auto getanzt hat?«

»Ja. Kaufen wir jetzt die Gurkengabel? Kostet 48 Dollar.«

»Also gut«, sagte ich.

Mir graute schon vor Dawns Party am Vorabend der Hochzeit, zu der traditionsgemäß nur Frauen geladen waren. Während der letzten Brautparty dieser Art, die ich erlebt hatte, hatten wir aus Papier und Wäscheklammern

Bräute gemacht und süßen Punsch getrunken, von dem allen schlecht wurde. Doch das war lange her.

Dawns Party war anders. Ungeniert packte sie Kondome und Unterwäsche aus. Irgendwann trat ein männlicher Stripper auf, der, nur mit dem Äußersten bekleidet, vor den weiblichen Gästen tanzte, die ihm, sofern sie es wagten, Geldscheine zusteckten.

Falls ich auf ein Comeback der Tradition gehofft hatte, hatte ich mich gründlich getäuscht. Dawn heiratete auf einer Wiese unweit der Autobahn. Braut und Bräutigam lasen je ein Kapitel aus »Der Fänger im Roggen«, und ein Pfarrer der Unbekannten Kirche sprach die Trauungsworte. Ihr Mann dankte uns für den »Dietrich«.

Ich kam mir etwas fehl am Platze vor – so als traditioneller Mensch, der eine traditionelle Ehe führte.

Unsere Kinder müssen Bill und mich für Menschen von einem anderen Stern gehalten haben. Nichtsdestotrotz waren sie im Laufe der folgenden zehn Jahre nicht nur immer wieder tagelang unsere Gäste, sie brachten auch noch Kisten voller Schallplatten und CDs mit nebst Stereoanlage und Lautsprechern, sowie diverse Haustiere, Freunde, schmutzige Wäsche und verrostete Autos.

Eines Tages kaufte mein Mann ein T-Shirt mit dem Aufdruck: »Wie kann ich mich von dir verabschieden, wenn du nicht gehst?«

Gelacht haben sie übrigens auch nicht sehr oft.

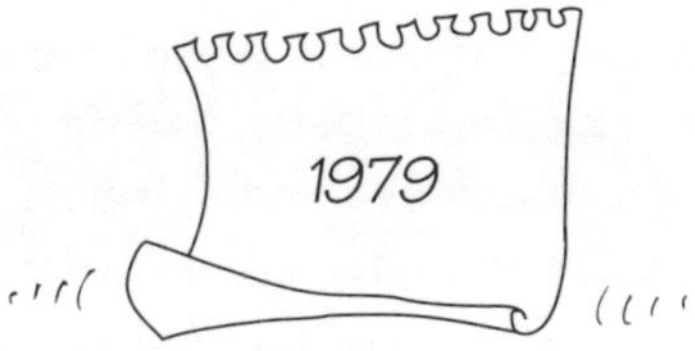

Er läuft und läuft und läuft und …

Es war kalt in Boston. Ich spürte die Kälte durch meinen Regenmantel hindurch und sah sie vor den Mündern von 7877 Männern und Frauen, die in kurzen Hosen und mit bloßen Oberarmen zum Bostoner Marathonlauf angetreten waren.

Als ich mir einen Weg durch die Menge bahnte, kam ich mir vor wie ein Tischtennisball, der überall auf Hindernisse prallt. Wer waren diese Menschen, die aussahen, als hätten sie in letzter Minute einen Hungerstreik beendet?

Mein Körper stieß mit einer dürren Frau mit Pferdeschwanz zusammen. Manche Truthähne, die ich im Rohr gehabt hatte, waren kräftiger gewesen als sie. Warum irgend jemand, der alle Sinne beisammen hatte, freiwillig 40 Kilometer durch den Regen laufen wollte, nur um mit Magenkrämpfen und Blasen an den Füßen in einem Parkhaus auf einem Feldbett zu landen, war mir absolut schleierhaft.

Noch schleierhafter war mir, warum mein eigener Mann da mitmachte. Mit zweiundfünfzig hatte er beschlossen, sein Leben dem Schmerz zu weihen. Zum ersten Mal in unserer ganzen Ehe hatten wir einen Konflikt, den wir nicht zu lösen vermochten. Er war zwar immer schon gejoggt, aber nun war das Ganze außer Kontrolle geraten. Ich ließ ihn wissen, daß ich ihn für besessen hielt. Daraufhin erklärte er, daß ich mich nicht darum kümmern solle, was er in seiner Freizeit tat. In Wirklichkeit nahm ich ihm seine Begeisterung übel, war eifersüchtig auf seine Selbstdisziplin und gleichzeitig verärgert über meine Faulheit, die mich davon abhielt mitzumachen.

Ich hatte nie erwartet, daß wir als eineiige Zwillinge durch Leben gehen. Ich hatte mir lediglich gewünscht, daß wir die gleichen Leute hassen, uns zur gleichen Zeit über unsere Kinder ärgern und miteinander alt und vergeßlich werden würden. Das Problem bestand darin, daß ich immer mehr aussah wie eine erste Frau, die vom Dinosauriertum keinen Abschied nehmen will.

Alle, aber auch alle außer mir schienen geradezu besessen vom Jungsein. Die Anzahl der Schönheitschirurgen in den gelben Seiten überstieg die der Installateure bei weitem. Die Menschen aßen nicht mehr. Sie knabberten nur noch. (Selbst meine Eltern kauften regelmäßig pflanzliche Abführmittel.) Bewegung wurde zur Religion erklärt.

Was mir jeden Morgen aus dem Spiegel entgegenschaute, war alles andere als erfreulich. Die einstmals schlanke Braut wog inzwischen an die 70 Kilo. Wie lange wollte ich mir noch einreden, daß mein Gewebe etwas erschlafft war, weil ich zwei Kinder entbunden hatte – wo das jüngste inzwischen 21 Jahre alt war? Wie lange würde es noch dauern, bis Bill sich nicht mehr getraute, daß Licht im Schlafzimmer anzumachen, aus Angst davor, bei meinem Anblick in Ohnmacht zu fallen?

Und dann meine Haare. Die grauen Strähnen waren kaum noch zu übersehen. Mit meinen Oberarmen hätte ich mühelos die Fackel der Freiheitsstatue hochhalten können.

Jetzt hätte nur noch gefehlt, daß Bill mich angesehen und gesagt hätte: »Mein Gott, Erma, dein Hintern erinnert mich an eine Dampflock.«

Das hätte gesessen. Ich hätte ein bißchen geweint, wäre in mein Zimmer gegangen und hätte vielleicht ein paar Türen zugeschlagen. Dann hätte ich einen guten Anwalt angerufen, der alles für eine Trennung vorbereitet hätte. Aber es hätte mich wenigstens dazu gebracht, mir ein paar Pfunde abzuhungern.

Aber meinen Sie vielleicht, das hätte er getan? Ganz und gar nicht. Er fragte höchstens: »Kann ich dir etwas mitbringen, ich gehe ohnehin in die Küche.«

Ohne daß ich mir dessen bewußt gewesen wäre, war ich eifersüchtig auf seinen neuen Gesundheitsfimmel und auf die Zeit, die er damit zubrachte. Dies war im Grunde unser erster Interessenskonflikt, in dem ich ihm sowohl verständnislos wie mißbilligend begegnete.

Jedesmal, wenn er mit »Ohne Fleiß kein Preis« daherkam, hätte ich ihn erschlagen können. Ich stammte aus einer Familie, die an Wunder glaubte.

Eine Tante von mir kaufte per Katalog einen Trainingsanzug aus Fallschirmseide mit einer Düsenvorrichtung. Aus der Bedienungsanleitung ging hervor, daß eine Gewichtsreduzierung durch Anschluß der Düsenvorrichtung an den eingeschalteten Staubsauger zustande käme. Die heiße, abgestandene Luft sollte das Kleidungsstück aufblasen, bis sie aussah wie ein Luftschiff. Dadurch sollten die lästigen Fette entweder verbrannt oder in die Atmosphäre hinausgeschleudert werden. Kein Mensch wußte, wie das Ganze wirklich funktionierte. Aber den Anblick, wie meine Tante oben an der Decke schwebte, werde ich mein ganzes Leben lang nicht mehr vergessen.

Ganz heimlich versuchte ich abzunehmen. Ich erinnere mich an eine Diät, bei der ich zwei Tage lang ein bestimmtes Obst aß, und während der darauffolgenden zwei Tage ein anderes Obst. Ich kaufte pfundweise Heilerde aus dem Toten Meer, durch deren Auftragen ich den Runzeln auf den Leib rücken wollte. Meinen Körper ließ ich klopfen, schlagen, kneten, streicheln und zupfen, wobei ich abwechselnd schwitzte, fror, kochte und dampfte.

Aber tagtäglich kilometerweise rennen? Das war nun wirklich nichts für mich. Bill kam jedesmal mit einem Handtuch um den Hals im Dauerlauf in die Küche. »Schau auf die Uhr«, brüstete er sich, »und ich bin nicht einmal außer Atem.«

»Daß ich nicht lache!« antwortete ich sarkastisch. »Gerade eben hast du noch geschnauft wie eine alte Dampflock.«

»Meinst du nicht«, keuchte er, »daß dir das Joggen auch guttun würde? Es strafft die Muskeln, regt den Kreislauf an und ist außerdem gut für die Selbstdisziplin.«

»Das gleiche gilt für den Krieg«, gab ich zurück, »und da geh ich auch nicht hin.«

Die Kluft zwischen uns verbreiterte sich mit jedem Tag. Je dünner er wurde, desto mehr legte ich zu. Je mehr Energie und Elan er zeigte, desto schlapper wurde ich. Es schien, als lebten wir zwei verschiedene Leben.

Meine Eitelkeit hatte mich bisher höchstens dazu verleitet, mich den kostenlosen Hautberatungen in diversen Kaufhäusern zu unterziehen.

»Sie brauchen ein Erneuerungspaket«, erklärte mir eine der Damen eines Tages.

»Sprechen Sie etwa von Ersatzteilen?« fragte ich sie.

»Nein, nein«, flötete sie, »aber ab einem gewissen Alter sterben die Zellen ab, und gerade um die Augenpartie herum müßte die Haut etwas mehr Spannkraft haben. Einfach um diese Lachfältchen zu beseitigen.«

Lachfältchen! Sollte das vielleicht ein Witz sein? Ich hatte wahrlich nichts zu lachen.

Ich lebte in einer Zeit, in der es nicht mehr lange dauern konnte, bis Frauen an einer Tankstelle vorfahren, das Fenster herunterkurbeln und sagen: »Bitte 15 Pfund weniger Luft in den Bauch, dafür 30 Pfund mehr in Lippen und Brust und dazu einmal Langhaartonikum. Ach, und dann noch ein Pflaster für das linke Hinterteil. Und haben Sie vielleicht ein Sonderangebot an Antileberflecken- oder Krähenfüßecreme?«

Ein Arzt in Chicago redete bereits von der Umkehrung des Alterungsprozesses. Der Haken dabei ist aber, daß diese Umkehrung nur das Äußere betrifft. Nicht mit einbezogen werden können die schwächer werdenden Augen und die absterbenden Gehirnzellen. Oder anders ausgedrückt: Man kann zwar jugendlich aussehen, aber der Alterungsprozeß der Organe wird unaufhaltsam voranschreiten.

Wozu sollte es wohl gut sein, wenn man am Strand zwar wie Arnold Schwarzenegger aussieht, es aber nicht schafft, sein Handtuch mehr als zwei Meter zu tragen?

Drei Stunden und zweiundzwanzig Minuten nach Beginn des Bostoner Marathonlaufs gelangte Bill ans Ziel. Er hatte eine bemerkenswerte Leistung vollbracht.

Ich mußte mir noch einmal die Frage stellen, warum ich so eifersüchtig gewesen war. Fühlte ich mich bedroht? Womöglich sogar minderwertig? Oder schwelgte ich nur gern in Schuldgefühlen?

Wahrscheinlich traf von allem ein bißchen zu. Was hatte ich von der Ehe erwartet? Strebte ich vielleicht dem Ehepaar nach, das ich in Hawaii gesehen hatte, das immer nur im Partnerlook ging? Oder aber der Frau, die von ihrem Mann sogar zur Toilette begleitet wurde? Oder, Gott bewahre, der Frau, deren Mann nie ohne sie zu Bett ging und der oftmals in der Tür stand und quengelte: »Kommst du jetzt auch ins Bett?«

Dabei wird doch die Ehe erst durch die verschiedenartigen Interessen der Partner interessant.

Während Bill im Hotel unter der Dusche stand, schrie

ich ihm durch die Tür zu: »Bist du bereit, dir ein paar Kohlenhydrate anzutun?«

»Klar doch. Kennst du ein gutes italienisches Restaurant?«

»Keine Sorge, ich führ' dich hin. Da kenn' ich mich aus.«

Die Ehe. Eine Verschmelzung von Begabungen.

Rollentausch oder *Tanze, so schnell du kannst*

Ich schleuderte mein Gepäck in eine Ecke des Flurs und folgte dem Lichtstrahl, der aus dem Wohnzimmer drang.

Zehn Tage lang war ich in Sachen »Good Morning America« unterwegs gewesen. Nicht weniger als drei Kolumnen wollten noch auf die Schnelle geschrieben werden, außerdem hatte ich mich für eine dreitägige Veranstaltungsreise für den Katastrophenschutz verpflichtet, und die gesamte Familie wollte bei uns das Erntedankfest feiern.

Auf der Mattscheibe lächelte derweil eine muntere blondhaarige Frau ihrem imaginären Publikum zu, während sie Lebkuchenplätzchen zuerst mit geschlagenem Eiweiß bestrich und dann mit eßbarem Blattgold verzierte. Die Frau hieß Martha Stewart, und ich verspürte den unbändigen Wunsch, eine Pistole in die Hand zu nehmen und diese lächelnde Fratze mitsamt dem Bildschirm wegzupusten.

Bill saß wie gebannt vor der Kiste und ließ die Frau nicht aus den Augen, als sie zu ihrem offenen Feuer im Garten ging, um nach dem Truthahn zu sehen. Als sie zurückkam, schenkte sie der Kamera wieder ein strahlendes Lächeln, während sie die Suppe in einen ausgehöhlten Kürbis füllte. Im Anschluß an diese Großtat verkündete sie, daß nun das Rezept zum Mitschreiben folge.

»Ach, Liebling«, bat mein Mann, ohne daß er den

Blick vom Bildschirm abgewandt hätte, »nimm doch schnell Papier und Bleistift und schreib mit.«

Und die gutmütige Erma war dumm genug, in der Handtasche zu kramen und einen Kuli und einen leeren Scheck hervorzukramen und das mitzuschreiben, was Martha diktierte:

ein halbes Dutzend 5 Pfund schwere Enten,
500 Gramm frisches Entenschmalz,
15 Pfund Bohnen,
5 Pfund Knoblauchwurst.

»Bist du verrückt geworden?« fragte ich abgeschlafft und ließ den Kuli sinken.

»Pssst. Jetzt kommen die restlichen Zutaten.«

Insgesamt waren sage und schreibe 22 Zutaten erforderlich… und zwar in Mengen, die ausgereicht hätten, um ein gesamtes Fußballstadion zu verköstigen.

Vollkommen erschöpft starrte ich vor mich hin. Ich war eine Frau, die alles hatte, und wenn ich noch mehr gehabt hätte, wäre ich auf einer Intensivstation gelandet. Bill saß in seinem Morgenmantel und mit alten Schlappen an den Füßen vor der Glotzkiste und futterte Popcorn. Ich konnte mich noch gut erinnern, daß ich das auch einmal getan hatte. Damals war er derjenige gewesen, der spät abends müde und schlapp nach Hause gekommen war. Wir hatten, ohne daß wir es bemerkt hatten, die Rollen getauscht.

»Das Licht auf der Terrasse geht nicht«, bemerkte ich.

»Ich hab' schon neue Birnen gekauft«, antwortete er sofort. »Vielleicht kannst du sie am Wochenende auswechseln.«

»Wie geht's den Kindern?« wollte ich wissen.

»Am Montag war ich mit Andy bei einem Basketballspiel. Er ist wirklich gut. Die anderen beiden sind auch nach Hause gekommen. Ach, im Kühlschrank steht noch kalter Hackbraten. Ich wußte nicht, ob dein Flugzeug nicht vielleicht Verspätung hat. Du kannst ihn dir ja warm machen, wenn du willst.«

»Ich brauche eine Garnitur Unterwäsche von dir, um sie nächsten Dienstag bei der Veranstaltung zugunsten des Katastrophenschutzes zu versteigern.«

»Soll sie mit oder ohne Inhalt versteigert werden?«

»Ohne.«

»Gut, dann brauchst du dich ja nur zu bedienen.«

Nicht viele Männer redeten überhaupt über den Rollentausch innerhalb der Familie. Das war Teil ihres Machogehabes. Aber diejenigen, die es doch taten, schienen es heimlich sogar zu genießen. Nach jahrelangem Streß und Kampf in der Berufswelt war die andere Seite des Lebens nicht zu verachten. Sie genossen die Unabhängigkeit, die freie Zeiteinteilung und die streßfreie Arbeit. Bill konnte auf ein erfolgreiches Berufsleben zurückblicken und mußte niemandem etwas beweisen.

Und Frauen wie ich, die gerne einmal aus der eigenen Küche herauskommen und im Hotel gern das Duschgel und Shampoo stibitzen, waren im siebten Himmel.

Ich wandte mich wieder Martha zu, die inzwischen in ihrem Kräutergarten wilden Pfeffer, Veilchenwurzel, Wachsmyrthenrinde, Sennesblätter, Zitronengras und Hagebutte für ihr Gewürzsträußchen pflückte. Das, was sie gesagt hatte, war jedoch zum einen Ohr hinein- und zum anderen wieder hinausgegangen.

»Hast du was dagegen, wenn ich mir die Nachrichten ansehe?«

»Warte doch noch eben, die Sendung ist in einer Minute zu Ende.«

Bei allem Verständnis, aber an dieser Stelle muß gesagt werden, daß Männer, die sogenannte Hausmänner geworden sind, einige Regeln ganz schön zu ihren Gunsten ändern. Bill machte keine Betten, er kochte nicht, wischte nicht Staub, kümmerte sich weder um Wäsche,

Fenster noch Fußböden und brachte keine Kinder zur Welt. Dafür bezahlte er Rechnungen, bestellte Handwerker, kümmerte sich um Geld und Finanzamt, bot allen und jedem seine Hilfe an, schaffte den Müll in die Garage, tauschte Nummernschilder aus, fuhr den Wagen in die Werkstatt und holte die Sachen aus der Reinigung ab.

Wenn Frauen nichts anderes zu tun gehabt hätten, wären sie vielleicht heute immer noch zufriedene Hausfrauen.

Es kam mir beinahe so vor, als wollten sie uns zeigen, wie einfach doch alles war. Aber ich hätte gerne gesehen, ob sie auch dann noch von der Zufriedenheit am häuslichen Herd gesprochen hätten, wenn sie erst einmal mit hängender Zunge das *ganze* Pensum erledigt hätten.

Weil Bill ein durch und durch sparsamer Mensch war, warf er die Geschirrspülmaschine erst dann an, wenn jeder einzelne Teller im Haus schmutzig war. Sofakissen wurden nur dann bewegt, wenn man darunter einen geheimen Geldschatz vermutete.

Die Dicke der Staubschicht auf dem Couchtisch hätte ohne weiteres als Kalenderersatz dienen können, aber die Messer in der Küche waren so scharf, daß man eine Panzerschranktür damit hätte durchschneiden können.

Bei der Hausarbeit zeichnete er sich stets durch Ungeduld aus. Der Kühlschrank war nie kalt genug, das Wasser im Wasserkessel nie heiß genug, die Lichter nie hell genug, die Spüle nie groß genug und die Kaffeemaschine nie schnell genug. Aber so sind Männer nun mal. Ich hatte einen Schwager, der für den Garten eine dieser Enten gebastelt hat, deren Flügel sich im Wind drehen. Er war ständig am Basteln, denn die Ente flog ihm nie schnell genug.

Bills Auto wurde zum fahrbaren Untersatz für unsere Mahlzeiten, die wir fortan von weißen Plastiktellern aßen. Unsere Vorstellungen von einem gemütlichen

Heim waren grundverschieden. Wenn er eine Pizza holte, nahm er stets ein großes Strandhandtuch mit, um die Pizza auf dem Nachhauseweg warm zu halten. So etwas wäre mir nie in den Sinn gekommen.

Langsam und schleichend machte sich eine Ordnung in unserem Leben breit, die es zu meiner Zeit nicht gegeben hatte. Er führte Buch über die Ereignisse eines jeden Tages – wie weit er gelaufen war und in welcher Zeit, wer angerufen hatte (selbst wenn er die falsche Nummer notierte) und was er sonst noch an dem Tag gemacht hatte. Immer in der Vorweihnachtszeit kramte er in seinem Tagebuch und verblüffte uns mit allerlei Daten. Er wußte nicht nur, wie groß der Christbaum im Vorjahr gewesen war, sondern auch, um welche Tannenart es sich gehandelt und wieviel der Baum gekostet hatte. Kein Mensch interessierte sich dafür.

Eine ganz besonders innige Beziehung hatte er zu Gebrauchsanweisungen. Falls es jemandem gelungen wäre, ins Haus einzubrechen und unsere Gebrauchsanweisung für den Mikrowellenherd oder Abfallzerkleinerer zu stehlen, hatten wir ein zweites Exemplar in einem Aktenschrank im Flur versteckt. Diese Vorsorgemaßnahme ließ mich nachts beruhigt schlafen.

Bill war ein Mann, der die Dinge systematisch anging und den Haushalt so führte, als handle es sich dabei um das Verteidigungsministerium. Als ich eines Tages den Kühlschrank öffnen wollte, sprang mir ein weißes, liniertes Blatt Papier mit zwei Spalten ins Auge. Über der linken Spalte stand EINGANG, über der rechten AUSGANG.

»Was soll das sein?« fragte ich.

»Ist das nicht eine tolle Idee«, erklärte er stolz. »Auf diese Weise weiß man immer, was im Kühlschrank ist, und muß nicht stundenlang die Tür offenstehen lassen. Es ist das gleiche wie beim Safe. Jedesmal, wenn ich etwas entnehme, halte ich die Entnahme schriftlich fest, und wenn ich unsere Pässe wieder hineinlege, trage ich das ebenfalls ein.«

»Ich glaube, du bist bald reif für die Klapsmühle«, gab ich zurück.

»Aber es funktioniert doch!« rief er ganz aufgeregt. »Schau doch nur, die Krautrouladen sind siebenmal herausgenommen und genausooft wieder hineingelegt worden, was zeigt, daß niemand wußte, worum es sich handelte, bis er oder sie hineingebissen hat.«

Ich setzte meine Brille auf und las, daß die bis auf einige angebrannte Krümel leergegessene Kuchenform in den Kühlschrank gewandert war, dann heraus und wieder hinein. Neben dem Eintrag stand: »Müßte gereinigt werden.«

Mitunter gingen Bill und ich zusammen einkaufen, was sich jedoch stets als großer Fehler erwies. Wenn ich eine Schachtel Kekse in den Einkaufswagen legte, nahm er sie wieder heraus und fragte: »Willst du wirklich die kleine Packung kaufen, die im Vergleich zur großen dreimal so teuer ist?«

Oder er holte die Milch wieder aus dem Wagen und fragte mich: »Willst du die Milch, bei der das Verfallsdatum schon überschritten ist, deswegen, weil du etwas kochen möchtest, wofür du saure Milch brauchst?«

Sein Gesundheitswahn hatte dafür gesorgt, daß sich meine Küche in ein Getreidefeld verwandelt hatte. In den Schränken stapelten sich Haferkekse, Haferbrot, Haferflocken, Haferbrezeln und Haferwaffeln. Eines Tages fiel mir ein Brötchen in die Hände, das aussah, als wäre es unter einen Schwertransporter gekommen. Es war ein Haferbrötchen.

Meine Beschwerden fielen auf taube Ohren. »Hafer ist gesund«, bekam ich zur Antwort.

»Wenn er so gesund ist, warum wollte dann unser

Pferd nie seine Haferkekse essen, wenn sie nicht mit Melasse überzogen waren?«

Komischerweise machte mir all das gar nichts aus. Irgendwie überlebt man. Ich hatte es ja ganz ähnlich gemacht. Zu Weihnachten hatte ich einmal 15 Paar Bettschuhe gehäkelt und an der Volkshochschule einen Kurs für Kuchenverzierung belegt. Bill dagegen traf sich einmal im Monat mit seinen Freunden zum Mittagessen und installierte einen kleinen Sender unter dem Toilettensitz, der bei Benutzung die Melodie von Dr. Schiwago spielte.

Mein Leben auf der Überholspur störte ihn nicht im geringsten. Er hatte es ja ganz genauso gemacht. Er schien zu wissen, daß einem irgendwann, wenn man in Atlanta fünf Stunden warten muß, weil das Flugzeug repariert wird, die Zeit lang wird, und die Gedanken schließlich doch nach Hause wandern. Aber jetzt war eben ich an der Reihe.

Viel war von Männern wie Phil Donahue und Alan Alda die Rede, die angeblich der Inbegriff des Mannes waren, der die Frauen versteht. Aber auf jeden von ihnen kamen Hunderte von Männern, die auch ohne Verständnis »gut ankamen«, indem sie sich einfach auf die sich verändernde Gesellschaft einstellten. Mit einem von ihnen war ich verheiratet. Er hörte mir geduldig zu, wenn ich meinem Verdruß über die Ungerechtigkeit, die mit dem Frausein verbunden war, Gehör verschaffte. Er wußte, daß ich mehr zu bieten hatte als einen geglückten Braten. Vor langer Zeit hatte er schon begriffen, daß eine Familie, in der nur einer das Sagen hat, gar keine Familie ist.

Unsere Ehe glich in vieler Hinsicht einem Staffellauf. Bill hatte das Feld bereits umrundet und nun mir den Stab übergeben. Aber nur gemeinsam konnten wir das Rennen gewinnen.

Nur wenige verstanden unsere Beziehung. Selbst unsere Kinder konnten sich nicht erklären, wie sie funktionierte. Den meisten unserer Freunde erging es keinen Deut besser. Für meine Eltern war Rollentausch gar ein Fremdwort.

Urlaub machten wir sowohl gemeinsam als auch getrennt. Das letztere beruhte auf gegenseitigem Vertrauen. Keiner machte sich Sorgen um den anderen. Weil ich zu müde war für eine Affäre und er mich brauchte, um die Weihnachtsgrüße rechtzeitig abzuschicken, gab es keinen Grund zur Beunruhigung.

Er war im Paradies, wenn er angeln konnte. (Erinnern Sie sich, daß ich ihm zum ersten Hochzeitstag einen Angelschein schenkte?) Ich haßte den Fischgeruch und Langeweile – und wenn ich ehrlich bin, haßte ich eigentlich alles, was mehr als einen Kilometer vom nächsten Einkaufszentrum entfernt war.

Wenn er nicht mit den Jungs angeln war, dann sah er sich die Angelwettbewerbe an, die jeden Samstagvormittag im Fernsehen ausgestrahlt wurden. Zu diesen Gelegenheiten erschien er am Frühstückstisch in Jeans und einem Flanellhemd, an dem die beiden obersten Knöpfe offen waren und den Blick auf einen Rollkragenpullover freigaben.

Nach dem Frühstück lehnte er sich bequem in seinem Fernsehsessel zurück, um Bubba und Roy (es waren immer die beiden) aus Arkansas und Oklahoma beim Angeln zuzusehen.

Bubba und Roy sahen zwar aus wie zwei einfache Burschen vom Land, aber ihr Boot und ihre Angelausrüstung hatte mit Sicherheit mehr Geld verschlungen als unser erstes Haus.

Sie redeten ziemlichen Schwachsinn. Bubba sagte beispielsweise: »Ich bin sicher, Roy, du brauchst mehr als diese 80 Pfund schwere Leine.« Und Roy konnte das

Schweigen mit folgendem Satz brechen. »Wenn du's genau wissen willst, Bubba, ich habe noch nie einen Fisch mit Mundgeruch geküßt.« Die ganze Zeit über standen sie aufrecht im Boot, natürlich ohne Schwimmweste. Aber das Erstaunlichste an allem war, daß jedesmal, wenn sie ihre Angelleine auswarfen, ein Fisch anbiß, und zwar niemals ein kleiner oder mickriger.

Und ich? Ich ging tausendmal lieber mit meinen Freundinnen in Bäder und Gesundheitszentren, wo man in kleinen schicken Outfits mit passenden Stirnbändern zur Musik von Neil Diamond mit dem Ohr das linke Knie berührte und hinterher Kräutertee trank. (Ganz gleich, wo ich mich heute aufhalte, kneife ich, wenn ich die Melodie von »Exodus« höre, ganz automatisch meine Pobacken zusammen.)

Dabei nahm ich jedesmal ein ganzes Kilo ab, das ich jedoch mit dem ersten Glas Wasser, das ich zu Hause zu mir nahm, sofort wieder drauf hatte. Aber trotzdem war es gut, den Termindruck und Streß ab und zu hinter sich zu lassen.

Es war eine Wohltat, mit anzusehen, wie die Barrieren zwischen den Geschlechtern zusammenkrachten. Wenn mehr verheiratete Paare die Rollen getauscht hätten, hätte es vielleicht mehr Verständnis für das gegeben, was der andere leistete oder auch nicht leistete.

Es ist immerhin möglich, daß es dann nie Ehemänner gegeben hätte, die, wenn sie von der Arbeit nach Hause kamen, ihre Frauen fragten: »Wie war dein Tag, Liebling?« und noch während der Antwort den Raum verließen.

Es hätte vielleicht auch keine Ehefrauen gegeben, die ihre von der Arbeit müde nach Hause kommenden Männer mit folgendem Satz begrüßt hätten: »Michael braucht eine neue Zahnspange, und die Steuerprüfung steht uns auch ins Haus.«

Ich warf einen Blick auf Bill, der immer noch wie gebannt auf den Bildschirm starrte, wo Martha Stewart gerade ihren Garten betrat, um nach ihrem Spanferkel am Spieß zu sehen. Wenn man Bill so ansah, hätte man meinen können, er sehe sich einen Dokumentarfilm an.

Ich schlief im Sessel ein.

Der Rollentausch war perfekt.

Wenn die Technik nicht wär, wär das Leben, ach, schwer!

Geduldig warteten Bill und ich vor der Haustür unserer Freunde Sandy und Ben, während ihre Türklingel das Lied »Take Me to the Moon« für uns spielte. Jedesmal, wenn wir sie besuchten, hatten wir das Gefühl, in der Schlange für Disneylands Wunderland der Zukunft zu stehen. Sie waren regelrecht techniksüchtig. Ihr Leben wurde beherrscht von jedem neuen Produkt, das das Fließband verließ.

Sie legten sich schnurlose Telefone zu, die gleichzeitig ihre Herzkranzgefäßtätigkeit aufzeichneten, Radarvorrichtungen für ihre Autos und elektrische Alarmsysteme für ihre Aktenkoffer. In ihrer Garage standen zwei Autos, die mehr zuwege brachten als die von James Bond.

Sie waren Besitzer einer Digitaluhr mit einem eingebauten Blitzlicht und seiner wie ihrer Weckzeit. Auch ein elektronisch gesteuerter Postanzeiger gehörte zu ihrem Haushalt, der ihnen den langen Weg zum Briefkasten ersparte (der ein Schlitz in der Eingangstür war).

Die Tür ging auf, Ben packte uns bei den Schultern und zerrte uns hinein. »Das müßt ihr sehen«, rief er aufgeregt, während er uns in die Küche bugsierte. »Sandy!« schrie er. »Zeig ihnen den Herd!« Auf dieses Kommando hin bewegte sich Sandy wie ein Roboter zur Spüle und füllte eine Stielpfanne mit Wasser. Von der Spüle bewegte sie sich zum Herd und stellte die Pfanne auf die glatte Oberfläche. Ohne daß sie auch nur einen Schalter betätigt hatte, fing das Wasser in der Pfanne nach kurzer Zeit an zu kochen. Dann nahm sie die Pfanne vom Herd und legte ihre Hand auf die Stelle, wo die Pfanne gestanden hatte. Mit einem triumphierenden Lächeln sah sie uns an.

»Mußt du immer deine Hand auf den Herd legen, wenn du mit dem Kochen fertig bist?« fragte Bill.

»Aber nein«, warf Ben ein, »begreifst du denn nicht! Das war doch nur eine Demonstration. Der Herd ist so programmiert, daß er sich zum Kochen automatisch an- und ausstellt. Na, sag selbst, ist das nicht unglaublich? Wie wär's jetzt mit einem Drink?«

Während Ben den elektrischen Cocktaillöffel betätigte, sah ich mich in Sandys Küche um, die sie selbst Ernährungszentrum nannte. Sie besaß eine computergesteuerte Brotbackmaschine, einen Thermometerlöffel, ein Abfallzerkleinerungsgerät, einen elektrischen Messerschärfer sowie eine automatische Salatschleuder nebst dazugehörigem Besteck.

Sandy und Ben genossen die achtziger Jahre und die damit verbundene Technik in jeder Beziehung. Bill und ich verhielten uns auf diesem Gebiet so schüchtern wie beim ersten Rendezvous. Das einzige Zugeständnis, das wir an die Technik gemacht hatten, war ein Feuerdetektor. Auf diese Weise wußte ich einfach immer, wann das Essen fertig war.

Bisher hat noch niemand den Mut gehabt, es unverblümt auszusprechen, aber die Technik hat schon viele Ehen und Beziehungen ins Wanken gebracht. Solange die Geräte funktionieren, ist alles wunderbar, aber wenn sie nicht mehr funktionieren, neigen die Menschen dazu, dem anderen die Schuld dafür zu geben. In manchen Fällen sind sie sogar der Freifahrschein für Gewalt.

Weder Bill noch ich waren der Technik sonderlich wohlgesonnen. Ich konnte an Weihnachten keine

Schachtel zusammenfalten, ohne anschließend in Therapie zu gehen. Wir beide zweifelten nicht eine Sekunde daran, daß die Hälfte der Patienten in der Betty-Ford-Klinik sich deshalb dort aufhalten mußten, weil sie versucht hatten, ihren Videorecorder zu programmieren. Aber wir lebten nun mal in einem Jahrzehnt des ständigen Wandels und der steten Veränderung, die wir unmöglich bewältigen konnten.

Eines Morgens zog Bill pünktlich wie immer einen zwei Liter fassenden Topf aus dem Schrank, um darin ein achtel Liter fettarme Milch für seinen Kaffee warm zu machen. Wie gewöhnlich vergaß er die Milch, und sie kochte über.

»Erinnerst du dich, daß wir davon gesprochen haben, uns dem Fortschritt nicht zu verschließen?« fragte er, während er eine Küchenpapierrolle zur Hand nahm, um die Ferkelei zu beseitigen.

»Was soll denn das heißen?« wollte ich wissen.

»Das soll heißen, daß wir uns schweren Herzens dazu entschließen sollten, einen Mikrowellenherd zu kaufen.«

»Also jetzt geht's aber los. Du willst allen Ernstes einen 700-Watt-Mikrowellenherd kaufen, vor dessen Inbetriebnahme 5 Seiten Vorsichtsmaßnahmen und 27 Seiten Bedienungsanleitung zu lesen sind, nur weil ein klein wenig Milch übergekocht ist?«

»Sandy und Ben schwören auf ihre Mikrowelle.«

»Sandy verstaut in ihrem lediglich ihre Kochbücher.«

Wir stritten. Ich verlor. Der Mikrowellenherd hielt Einzug in unsere Küche. Die Bedienungsanleitung hätte den Stoff für zwölf Folgen einer Fernsehserie liefern können. »Rate mal, wie viele Männer nötig sind, um eine Birne in unserer Mikrowelle auszutauschen?« fragte ich, während ich die Bedienungsanleitung durchblätterte.

Als Bill keine Antwort gab, sagte ich es ihm: »Vier.

Zwei Nuklearphysiker, ein Handwerker mit Asbesthandschuhen und dazu ein autorisierter Kundendienstmitarbeiter, der über die Zulässigkeit der Birne entscheidet.«

»Du«, fuhr ich eine Weile später fort, »ich lese gerade das Kapitel über Probiergerichte. Wann hast du zum letztenmal Probiergerichte gegessen?«

»Ach komm, freu dich doch!« befahl er. »Du benimmst dich ja, als hätten wir grade zwei Fahrkarten für eine Raumfähre erstanden. Dabei haben wir doch schlicht und ergreifend nur ein Küchengerät gekauft. Warum sperrst du dich bloß gegen etwas, das uns Zeit spart?«

Genau das war der springende Punkt, die Zeit. Ich führte genau Buch über die eingesparte Zeit. Das Ergebnis war überwältigend.

Zeit für das Studium der Bedienungsanleitung: 20 Minuten.

Zeit für den Streit darüber, ob meinem guten Service eine Atmosphäre zumutbar ist, in der Eier zerplatzen: 10 Minuten.

Zeit für das Erwärmen eines Achtelliter Milch: 30 Sekunden.

Zeit für die Verarztung meines Fingers, den ich mir verbrannt habe, als ich prüfen wollte, ob die Milch heiß genug war: 5 Minuten.

Zeit für die Erwärmung des Kaffees, der in der Zwischenzeit kalt geworden war: eine Minute.

Zwar wird die Technik nie als einer der Hauptgründe für häusliche Streitigkeiten genannt, aber daß dem so ist, daran besteht für mich kein Zweifel.

Für mich war die Mikrowelle eine Art Test. Wenn wir ihn überlebten, waren sämtlichen weiteren Erfindungen sämtlicher Forschungsgenies Tür und Tor geöffnet. Irgendwann, so stellte ich mir vor, waren wir dann wie Ben und Sandy, eingekreist von unseren neuen Spielsachen.

Von diesem Moment an gab es keinen Tag, an dem wir unserer Ehe nicht größte Herausforderungen zumuteten. Wir packten den Videorecorder aus. Weiter kamen wir zunächst nicht. Wochenlang umkreisten wir ihn und nahmen uns vor, uns diesem Wunderwerk der Technik nicht zu verschließen.

Im Geiste malte ich mir jedoch bereits andere Verwendungsmöglichkeiten für das Ding aus. Vielleicht konnten wir es mit Füßen versehen, um es anschließend als Couchtisch zu gebrauchen, oder das Cassettenfach als Blumentopf benutzen.

Als wir an einem Freitag zum Essen ausgehen wollten, schlug Bill vor, in der Zwischenzeit »Dallas« aufzuzeichnen. Er nahm die Bedienungsanleitung zur Hand und begann zu lesen. In einem Anfall von Zuneigung wollte ich ihm nahe sein. Ich legte also meine Hand auf die seine und sagte: »Ich möchte dir nur sagen, daß du für mich immer der tapferste Mann auf der ganzen Welt sein wirst.«

Er riß sich los. »Du meine Güte, so schlimm ist es nun auch wieder nicht, wir zerlegen schließlich keine Bombe. Es ist doch bloß ein harmloser Videorecorder. Du liest, und ich betätige die Tasten.«

»Soll ich dir vielleicht vorlesen, wie man die Gebrauchsanleitung richtig liest?«

»Das kannst du die sparen«, sagte er. »Lies mir lieber mal vor, wie man eine Sendung aufzeichnet, wenn man nicht zu Hause ist!«

Ich nahm den Finger zu Hilfe und las laut vor. »Klappen Sie den Deckel der Programmierungseinheit auf der rechten Seite der Uhr herunter, und wählen Sie dann mit der Schnelltaste LP, SP oder SLP, bevor Sie eine Cassette in das Cassettenfach schieben.«

»Die Uhr blinkt!« rief er aufgeregt.

»Dann hast du etwas falsch gemacht. Du mußt noch

einmal von vorne anfangen und die Timeraufnahme programmieren.«

»Und wie mach' ich das?«

»Du drückst die Zeittaste. Nicht die Datumstaste, du Dummerchen, sonst kannst du wieder von vorne anfangen.«

»Ich glaube, ich hab's, 10.00 Uhr«, erklärte er stolz.

»Du willst doch aber 22.00 Uhr. Es muß möglich sein, einen Programmplatz zu wählen, indem man zuerst das Programm einstellt, dann die Minuten und dann die Stunde. Siehst du nicht, daß die Wochentagsanzeige blinkt?«

»Alles blinkt.«

»Und vergiß nicht, das Ende der Sendung einzugeben. Blinken jetzt die Buchstaben CH? Gut, dann kannst du jetzt den Programmplatz wählen. Du, ich glaube, du bist auf der richtigen Spur. Ich seh' Miss Ellie und J.R. Du zeichnest auf! Das ist großartig.«

»Aber nein. Nichts wird aufgezeichnet. Ich hab' gar nichts gemacht«, stöhnte er. »Was du siehst, ist die Sendung im Fernsehen. Ich glaube, es ist am besten, wenn wir hierbleiben und sie uns einfach jetzt ansehen.«

Es war eine bittere Lektion. Das Gerät war klüger und stärker als wir.

Aber dies war nur der erste Streich.

Die Technik sollte Einfluß nehmen auf unser gesamtes Leben, auf die Art, wie wir miteinander sprachen, aßen, zur Wahlurne gingen, arbeiteten, einkauften, reisten und Probleme lösten.

In einem Alter, in dem wir uns unseren liebgewordenen, eingefahrenen Gewohnheiten hätten zuwenden sollen, schloß Bill sich drei Tage lang im Badezimmer ein, um eine Jogging-Uhr zu programmieren. Und ich holte mir einen blauen Fleck, weil ich einer sprechenden Waage einen Fußtritt versetzte. Das einzige, was sie sagen konnte, war: »Zeit die Zahnplomben auszuwechseln, Dummkopf.«

Unsere Kameras waren veraltet, noch bevor wir den Film einlegen konnten. Unsere Uhren blinkten, unsere Freunde piepten. Die schnurlosen Telefone waren überall, aber ohne Innenleben. Unsere Kinder schrieben nur noch mit Computer und automatischem Rechtschreibprogramm, und es gab genügend Leute, die ihre Verabredung zum Mittagessen per Fax bestätigten.

Unsere Kinder hatten die Nase gestrichen voll von uns. Während sie uns dabei zusahen, wie wir in unserer unbeholfenen Manier Tasten und Wählscheiben betätigten, verloren wir an Ansehen, und unsere IQs sanken ins Bodenlose.

»Warum legt ihr euch nicht endlich einen Anrufbeantworter zu?« quengelte einer unserer Söhne zum hundertsten Mal.

»Warum? Wozu brauchen wir denn eine Ansage, die dem Anrufer sagt, daß wir nicht zu Hause sind? Wenn keiner abhebt, weiß sowieso jeder, daß wir nicht da sind. Das ist doch nicht schwer zu kapieren.«

Jede Veränderung in einer Ehe ist schwierig. Und ich meine damit nicht nur die eigenen Grundsätze, sondern die, die uns die Umwelt aufdrängt. Es schien, als gehörten wir über Nacht plötzlich zum alten Eisen. Es gab kein Kohlepapier fürs Büro, keine Cassetten für die alte Stereoanlage auf der Hütte und keine Ersatzteile für meine Schreibmaschine.

Uns blieb nur die Wahl, mit dem Strom zu schwimmen.

Eines Tages stieg ich in mein Auto, als mir sofort das lästige Piepsen verkündete, daß meine Handbremse noch angezogen, meine Tür noch nicht geschlossen und mein Sicherheitsgurt noch nicht angelegt war. Ich fuhr zur Bank, das heißt zu einem automatischen Bankschalter, benutzte einen Fahrstuhl mit einer automatischen Stimme, bestellte mein Mittagessen per Knopfdruck, und als ich meine Tasche abholte, sah ich nur eine Hand. Ich reservierte in einem Restaurant einen Tisch zum Abendessen per Anrufbeantworter, der mich bat, die genaue Zeit und Anzahl der Personen zu nennen, und rief meine drei Kinder an, die zwar nicht zu Hause waren, aber, falls ich eine Nachricht hinterlassen wollte, natürlich liebend gern zurückgerufen hätten.

Ich hatte alles erledigt, ohne eine einzige lebendige Stimme zu hören.

Der Fernsehapparat, der zu Anfang unserer Ehe einen Platz von der Größe eines Untersetzers eingenommen hatte, hatte sich in ein Monstrum in Wandgröße verwandelt und wirkte wie ein Magnet. Jeden Abend nach dem Essen zog er uns magisch an. Wenn der Strom im Haus ausfiel, konnten wir es leicht verschmerzen, daß wir den Herd nicht benutzen und unsere Getränke nicht kühlen konnten. Es machte uns auch nichts aus, daß sich die Garagentür nicht mehr öffnen ließ oder daß wir im Dunkeln sitzen mußten. Wen kümmerte es schon, wenn im Winter die Heizung und im Sommer die Klimaanlage nicht funktionierte? Wenn wir nicht fernsehen konnten, hatte das Leben ohnehin keinen Sinn mehr. Die Liebe zum Fernsehen war eins der wenigen Dinge, die wir teilten und tatsächlich auch gemeinsam genießen konnten, bis eines Tages eine neue technische Errungenschaft auf den Markt kam: die Fernsehfernbedienung.

Als die Fernbedienung bei uns einzog, war es aus mit der Gerechtigkeit. Das Drama begann jeden Abend nach dem Essen. Mein Mann betrachtete sie als seine persönliche »Waffe« zur Bekämpfung des Bösen.

Ich konnte mir in aller Gemütsruhe »Dallas« ansehen, und genau in dem Moment, als Sue Ellen sagte: »Miss Ellie, du mußt jetzt hart durchgreifen. Ich fahre jetzt zum ...«, erschien ein zwei Zentner schweres Walroß auf dem Bildschirm, und Bill Conrads Stimme erklärte: »... Bering-Meer mit tausend anderen willigen Bullen.«

Wieder hatte Bill umgeschaltet, ohne mich vorher zu fragen. Im Grunde wußte ich genau, daß ich, solange sich dieses kleine schwarze Ding in seinen Händen befand, nie nach Southfork zurückkehren würde.

Bill sah sich nie Werbung an. Das, was über den Bildschirm flimmerte, waren bruchstückhafte Versuche subtiler Beeinflussung, da Haftgebißcremes, Frühstücksflocken und Weinkühler immer ineinander übergingen.

Manchmal versteckte er die Fernbedienung vor mir, aber ich wußte mit Sicherheit, daß er sie hatte, wenn sich Liv Ullmann in einem vielschichtigen Problemfilm plötzlich in eine Pizzawerbung verwandelte, die sich in eine Schlagersendung verwandelte, die sich in eine Opernaufführung verwandelte, die sich in zwei Sumo-Ringer verwandelte.

Der Übergang zu Technikspielzeugen war so langsam vonstatten gegangen, daß wir gar nicht bemerkt hatten, was aus uns geworden war.

Bis an jenem bewußten Samstag, als wir die Haustür öffneten, um zwei Gäste zu begrüßen. Wir wußten, daß sie im Anmarsch waren, da alle Außenlichter automatisch angingen, wenn ein Wagen am Ende der Einfahrt die Lichtschranke passierte.

Es waren Ben und Bernice. (Ben hatte sich von Sandy scheiden lassen, nachdem sie mit einem Vertreter für Heimreißwolfgeräte durchgebrannt war.)

»Ganz hübsch, die Lichter«, bemerkte Ben, »aber die sind längst veraltet. Ich hab mir ein Türsprechanlagensicherheitssystem angeschafft. Damit man jederzeit weiß, wer vor der Tür steht. Hast du es inzwischen geschafft, deine Jogging-Uhr einzustellen, Bill?«

Bill hielt ihm mit stolzgeschwellter Brust seinen Arm vor die Nase.

»Das beste wäre, wenn du sie verkaufst«, erklärte er Bill, »und dir ein neueres Modell zulegst. Die mißt nämlich gleichzeitig noch den Blutdruck.«

Bill schob ihn sanft in Richtung Küche und sagte stolz: »Erma, zeig ihm das Kochbuch.«

Ich setzte mich auf einen Stuhl vor meinem Computer und zeigte ihm auf dem Bildschirm meine Menüvorschläge, die Allergien der einzelnen Familienmitglieder gegen bestimmte Lebensmittel, die Vorräte in meiner Speisekammer und zum Schluß meine Lieblingsrezepte.

Ben und Bernice warfen sich vielsagende Blicke zu. »Dafür hab' ich meinen Computer auch einmal benützt, aber jetzt habe ich eine Rolodexkartei für meine Rezepte«, erklärte Bernice. »Es ist ja so einfach. Und man spart schrecklich viel Zeit. Meine Güte, Ben«, unterbrach sie sich, »diese Leute müssen ja immer noch selbst wählen, wenn sie telefonieren wollen.«

Nachdem sie gegangen waren, schritt ich den Flur entlang, wo in jeder Steckdose radargesteuerte Mückenkiller saßen, schaltete den Videorecorder aus, der, während wir gegessen hatten, eine Sendung aufgezeichnet hatte, stellte den Handtuchwärmer ab und betätigte mit dem Fuß einen Hebel, um den Toilettensitz nach unten zu klappen.

Ich kam mir vor wie eine alte Schallplatte, die auf keinen Plattenspieler mehr paßt. Es steckte noch soviel Musik in mir, aber wo hätte ich sie spielen sollen?

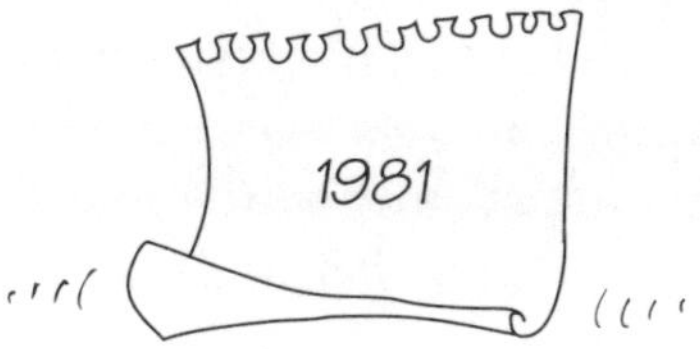

Die Trennung

Die Ehepaare, die ich als Siamesische Zwillinge bezeichne, haben mich schon von jeher in Erstaunen versetzt. Es handelt sich dabei um Paare, die offenbar an der Hüfte zusammengewachsen sind. Sie betreten einen Raum immer nur Hand in Hand. Sie ruft ihn jeden Morgen an, um sich zu vergewissern, daß er auch gesund im Büro angekommen ist. Wenn sie niest, bekommt er einen Schnupfen, und wenn er redet, schaut sie ihm tief in die Augen, und jedesmal, wenn er den gleichen dummen Witz vom Priester, dem Rabbi und dem Pastor erzählt, hält sie sich den Bauch vor Lachen.

Im Gegensatz dazu führten Bill und ich eine Ehe, die so flexibel war, daß mich beim gemeinsamen Urlaub immer irgend jemand unweigerlich fragte, wie lange ich schon verwitwet sei.

Wir waren eigenständige Menschen, die eben miteinander verheiratet waren.

1981 unterzeichnete ich einen Vertrag bei der Fernsehgesellschaft ABC, worin mir freigestellt wurde, eine Serie für das Fernsehen zu schreiben. Die Wahrscheinlichkeit, gleichzeitig Bücher und Drehbücher zu schreiben, die dann auch noch gleich für gut genug befunden wurden, um gedreht und ausgestrahlt zu werden, war ungefähr so groß wie die, daß ein Terrorist ein Flugzeug an den Nordpol entführt. Nachdem Bill und ich die Sache erörtert hatten, meinte er: »An deiner Stelle würde ich's versuchen.«

Ich trug meine Idee vor, die Fernsehgesellschaft fand sie gut, zusammen drehten wir einen Pilotfilm, und dann, man höre und staune, wurde beschlossen, »Maggie« ab dem Herbst über den Bildschirm flimmern zu lassen.

Als ich die Nachricht erhielt, kam ich mir vor wie Robert Redford in dem Film »Der Kandidat«, der, als er endlich gewählt worden ist, fragt: »Und was soll ich jetzt machen?«

Da dies offensichtlich keine Arbeit war, die ich von meiner Küche in Arizona aus telefonisch abwickeln konnte, mußte ich als erstes eine Wohnung in Los Angeles finden. Am Freitagabend konnte ich nach Hause fliegen und Montagmorgen wieder hin.

Es war das erste Mal in unserer 32jährigen Ehe, daß wir getrennt lebten.

Viele Frauen hätten sich nicht einmal getraut, in einer Stadt von der Größe Los Angeles' überhaupt Auto zu fahren. Ich mietete Montag morgens am Flughafen einen Wagen, setzte mich hinters Steuer, bog auf den Freeway ein, verpaßte die Ausfahrt und landete schließlich am Pazifischen Ozean in Santa Monica. Schließlich erfragte ich an einer Tankstelle den Weg nach Beverly Hills. In vier Monaten wich ich nicht ein einziges Mal von dieser Route ab.

Fünf Tage in der Woche arbeitete ich von sechs Uhr morgens bis acht Uhr abends, ernährte mich von verbranntem Popcorn und kalorienarmem Diät-Cola und gab vor zu wissen, was ich tat.

Meine sozialen Kontakte in dieser Zeit waren gleich null. Anstatt morgens ausgiebig Kaffee zu trinken und meine Östrogene einzunehmen, zerbrach ich mir den Kopf darüber, welche Witze in meinen Drehbüchern wohl stehenbleiben konnten und welche nicht.

Auf meinem Parkplatz stand mit Kreide mein Name

geschrieben. In meiner Unsicherheit hielt ich jeden Tag nach dem Mann mit dem Wasserschlauch Ausschau.

Es war Vorschrift, daß ich als Produzentin einer Serie eine zusätzliche Krankenversicherung abschloß. Eines Morgens erschien ein Arzt in meinem Büro und fragte: »Wie geht es Ihnen?« »Ausgezeichnet«, antwortete ich, »nur der Blutdruck ist ein bißchen zu hoch.«

»Das will ich nicht gehört haben«, erklärte er lächelnd und schrieb etwas in sein Buch. Dann sagte er: »Ich würde gern Ihre Temperatur messen.«

Ich erwartete, daß er ein Thermometer aus der Tasche nahm. Statt dessen kam er um den Schreibtisch herum, legte seine Wange an die meine und meinte: »Genau 37,0.«

Da warf ich ihn hinaus.

Als ich diese seltsame Geschichte dem Pförtner erzählte, schob er den Kopf durch das Fenster und sagte: »Ach übrigens, ich bin Mitglied der Schauspielergewerkschaft. Sollten Sie je einen Arzt in Ihrer Serie brauchen, denken Sie an mich.«

Ich lebte das Leben, von dem viele verheiratete Frauen nur träumen konnten. Ich ging einer angesehenen Arbeit nach, wohnte allein in einer großen Stadt, und zu Hause wartete jedes Wochenende mein Liebster auf mich. Ich konnte soviel rohe Zwiebeln essen, wie ich wollte, zu Bett gehen, wann ich wollte, und brauchte nicht zu kochen, wenn mir nicht danach war.

Aber zu der Zeit begriff ich etwas über die Ehe, was ich bis dahin nie sonderlich hoch bewertet hatte. Das Leben wird ziemlich bald eintönig und öde, wenn man außer sich selbst niemanden mehr hat, über den man nachdenken könnte. In gewissem Sinne hatte ich immer von den Problemen der anderen gezehrt, denn auf diese Weise hatte ich eine Existenzberechtigung. Aber jetzt machte ich alles nur noch für mich selbst.

Aber was blieb mir? Ich konnte in Supermärkten einkaufen, die rund um die Uhr geöffnet hatten, Totenwache halten, wenn eine Pflanze in meiner Mietwohnung einging, und allwöchentlich den Anblick des Pazifischen Ozeans in Santa Monica genießen.

Bis dahin hatte ich nie gewußt, was für ein Luxus es war, einen Menschen zu haben, mit dem ich mein Leben teilen konnte. Ohne meinen Mann fühlte ich mich schwach. Wenn wir zusammen waren, gab es nichts, was ich mir nicht zugetraut hätte.

Erträglich wurde die Situation nur dadurch, daß ich während dieser Zeit mit einer Handvoll von Spitzenkräften zusammenarbeiten konnte, die ihre Arbeit ernst nahmen und gleichzeitig viel Spaß daran hatten. Sie waren einfach alle großartig! Aber sie konnten am Abend nach Hause zu ihren Familien zurückkehren. Und ich hatte viel Zeit zum Nachdenken und begriff, daß die Arbeit schlichtweg nicht genug ist im Leben. Sie ist kein Ersatz für einen Menschen, mit dem man lachen, weinen und seine Sorgen teilen kann.

Nach sechs Folgen von »Maggie« sah ich den Mann mit dem Wasserschlauch auf den Parkplatz kommen. Er hatte den Auftrag, meinen Namen wegzuwaschen. Die Serie wurde eingestellt. Hollywood hat eine ganz eigene Art, Dinge mitzuteilen.

Ich hatte gemischte Gefühle. Einerseits wurde ich das Gefühl nicht los, daß ich 30 Menschen enttäuscht hatte. Sie mußten sich einen neuen Job suchen. Andererseits aber bedeutete das Ende der Serie, daß ich nach Hause zu meinem alten Leben zurückkehren konnte.

Ich mußte die Wohnung räumen, Möbel nach Hause transportieren und den Leihwagen zurückgeben. Damit war alles erledigt außer dem Abschiednehmen. Mein Agent, Aaron Priest, erschien als erster. Während ich im Studio noch überlegte, wie ich die Dinge am besten anging, erschien plötzlich noch jemand im Türrahmen. Bill hatte morgens das erste Flugzeug von Phoenix genommen, um mir zu Hilfe zu eilen.

In einem Film hätte er an dieser Stelle gesagt: »Ich hab' es dir ja gleich gesagt. Das war einfach nichts für dich, meine Liebe.«

Aber Gott sei Dank sagte er nichts dergleichen. Er hat mir diese Erfahrung zugestanden; ich sollte ohne Schuldgefühle einen Versuch wagen, bei dem ich gewinnen oder verlieren konnte.

Ganz zum Schluß schrubbten wir gemeinsam den Küchenboden der kleinen Wohnung.

Als wir kurz die Wohnungstür zuschlossen, sagte Bill plötzlich: »Ich weiß wirklich nicht, wie du das alles geschafft hast ... den Umzug in eine Großstadt, die vielen neuen Menschen, eine vollkommen neue Arbeit ... und alles ganz allein. Das nenn' ich eine erfolgreiche Frau. Weißt du was, bevor wir nach Hause fliegen, möchte ich gern auch einmal den Pazifik in Santa Monica sehen. Kannst du mir sagen, wie ich fahren muß?«

Meine Augenlider flatterten nervös. »Von hier aus?«

»Natürlich von hier aus, warum?«

»Weil ich nur weiß, wie man vom Flughafen aus hinkommt. Weil ich einfach immer die Ausfahrt verpasse.«

Eigentlich ein glänzendes Ende für ein Kapitel über Trennung, aber nein, er mußte den blöden Pazifik sehen!

Die wilden Fünfziger

Nachdem wir die Schwelle zur zweiten Jahrhunderthälfte unseres Lebens überschritten hatten, nahm unsere Ehe eine Wendung. Der Wahnsinn setzte ein und mit ihm die Panik. Nichts konnte uns davon abhalten zu rasen, um ja noch unsere Wetten abzuschließen, noch vor dem Freeway vollzutanken und auch noch den letzten Tanz mitzunehmen, bevor die Musiker des Orchesters ihre Instrumente einpackten.

Wir zwängten unsere Körper in winzige Wägelchen mit Schiebedach, die höchstens für Kobolde gebaut waren. Ich trug eine Sonnenbrille, die mein halbes Gesicht verdeckte. Bill belegte einen Kurs in Fotografieren und Angelrutenauswerfen und ich einen orientalischen Kochkurs.

Ein Abenteuerurlaub jagte den anderen. Wir übergaben uns auf Schiffen, fielen kopfüber von Kamelen und besichtigten dunkle Fledermaushöhlen. Die ältesten Teilnehmer einer Wildwasserexpedition in Costa Rica waren wir. Wenn das Wasser trinkbar war und wir uns nicht impfen lassen mußten, machte uns die Reise keinen Spaß mehr.

Wir waren wie zwei Besessene, die das letzte Rettungsboot auf der Titanic zu ergattern versuchten. Es hatte nichts mit Unrast zu tun, sondern mit der Erkenntnis, daß wir bereits ein halbes Jahrhundert auf dem Buckel hatten, und in diesem Alter ist die Sicht auf die Zukunft bereits etwas getrübt.

In meiner Euphorie über unser volles Programm erklärte ich Bill eines Tages: »Du, ich hab's. Warum bauen wir eigentlich nicht unser Traumhaus?«

Wenn Bill heute jemandem von meinem Vorschlag erzählt, läßt er immer einfließen, daß ich dabei den gleichen Gesichtsausdruck gehabt hätte wie Mickey Rooney, als er Judy Garland an den Schultern packte und schrie: »Ich hab's! Ich hab's! Wir führen eine Show auf! In der Scheune!«

Ich kann mich nicht mehr erinnern, warum ich es gesagt habe. Schließlich vergingen wir jedesmal vor lauter Ungeduld, wenn eine Ampel länger als zwei Sekunden auf Rot stand. Wie wollten wir da ein Haus bauen?

Bill versuchte einzulenken. »So etwas will reiflich überlegt sein. Denk daran, wie es war, als wir hier einzogen. Jedesmal, wenn jemand die Toilettenspülung betätigte, stieg Dampf aus der Kloschüssel auf, weil der Installateur das Wasser versehentlich falsch angeschlossen hatte.«

Ich nickte mehrmals bedächtig.

»Und erinnerst du dich, als wir umzogen und dieses kleine Büchlein bekommen haben, wo drin stand, wie man vorausschauend plant? Und an den Umzugslaster, der zu breit war für die kleine Brücke, und wie wir die ganzen Möbel per Handkarren transportieren mußten?«

»Ja, aber ...«

»Und Mr. Sluggard und Curly sowie Larry und Moe hast du doch bestimmt auch nicht vergessen, oder?«

»Aber diesmal wird's ganz anders«, versicherte ich. »Jetzt ist doch alles anders. Diesmal sind wir die Schöpfer. Sieh's doch mal als einen Baum, der die Früchte meiner Kreativität und deiner finanziellen Möglichkeiten trägt. Wir empfangen es gemeinsam, tragen es gemeinsam aus und sind da, wenn es schließlich geboren wird.«

Eine Empfängnis, bei der es so laut zugeht, hatte ich

noch nie erlebt. Wir stritten uns über Kacheln, Farbe, Armaturen, Boiler, Müllzerkleinerer, Türen, Beschläge, Lampen und Schränke. Er wünschte sich einen Fernsehraum, der groß genug war, um darin Trockenübungen fürs Skilaufen zu machen. Ich riet ihm, seine Trockenübungen in seinem Bastelraum neben der Garage zu machen. Es war das einzige, was er darin machte.

Er wollte ein Glasfenster über der Dusche. Ich stellte mir ein Flugzeug vor, das durch Tiefflug seinen Passagieren auf der linken Seite einen Blick auf meinen Körper ermöglicht. Er erklärte, daß kein Pilot meinetwegen gegen die Flugsicherheit verstoßen würde.

Als der Architekt ein eingebautes Bügelbrett vorschlug, bat ihn Bill, ein Schild an der Wand anzubringen, »damit Erma weiß, was es ist«.

Die zweijährige Schwangerschaft forderte ihren Tribut. Es wurde uns langsam zuviel. Jedesmal, wenn uns jemand fragte: »Wie geht's mit dem Haus voran?«, drehten wir uns um und verließen schnurstracks den Raum.

Zwei Wochen vor Weihnachten 1982 brachten wir schließlich ein gesundes Haus auf einem Hügel in Arizona zur Welt.

Nach der Entbindung stand die Mutter in der Küche, in der es kein fließendes Wasser, keinen Strom und kein Telefon gab, dafür aber 13 Umzugskartons mit der Aufschrift »Verschiedenes«.

Der Vater dieses architektonischen Wunders saß vor dem Fernseher und erholte sich von einer Rückenoperation.

Ich warf einen Blick auf Bill, der sich im Wohnzimmer ausruhte. Niemand konnte mir weismachen, daß diese Rückenoperation nicht geplant gewesen war. Er hatte es absichtlich getan. Das Schwerste, was er jetzt tragen konnte, war die Fernbedienung des Fernsehers.

Während ich eine Kiste mit Büchern zu Boden plumpsen ließ, sagte ich zu ihm: »Der Hund fühlt sich hier nicht wohl.«

»Woher willst du das denn wissen?« fragte er.

»Wenn jemand an jedes Stuhlbein im Haus pinkelt, dann muß das doch etwas bedeuten.«

»Haben wir nicht ein großes Loch für eine Hundetür in die Küchenwand geschlagen?«

»Zwei sogar. Aber ihm gefällt's draußen anscheinend nicht.«

»Der Hund ist einfach verwöhnt«, erklärte er. »Vielleicht wär's das beste, wenn wir ein neues Zuhause für ihn fänden.«

»Mir fällt es schwer, jemanden vor die Tür zu setzen, der uns letztes Weihnachten einen Satz Hummergabeln geschenkt hat.«

»Tja, auch wenn's im Moment noch nicht so aussieht, aber das Haus ist wunderschön. Ich würde überhaupt nichts daran ändern.«

»Das sagst du nur deshalb, weil du nicht viermal in der Nacht 56 Schritte bis zur Toilette zurücklegen mußt, mein Lieber.«

»Ich hab' dir doch gesagt, Liebling, du sollst das andere Bett nehmen, das näher an der Toilette ist.«

»Ja, ja, und dazu deinen kleinen, mickrigen Schrank, ich weiß. Das würde dir gefallen, hab' ich recht?«

»Das würde mir genauso gefallen wie der Heizraum in der Nähe des Fernsehzimmers. Es gibt nichts, was ich mehr hasse als dieses ständige Blubbern und Rauschen während des Fußballspiels am Montag abend.«

»Aber deine Idee, das ganze Haus zu fliesen, war auch nicht gerade berauschend. Diese Fußböden sind Gift für meine Krampfadern.«

»Und warum ist dir das nicht eingefallen, bevor wir das viele Geld hingelegt haben?«

»Aus dem gleichen Grund, aus dem du auf den Sträuchern an den Türen bestanden hast, die zu nichts anderem gut sind, als meine Nasenschleimhäute zu reizen.«

Ich griff nach einem Staubtuch, schloß meine Finger darum und schwang es in meiner Faust über meinen Kopf, während ich lauthals verkündete: »Gott ist mein Zeuge, daß ich nie wieder umziehen will.«

»Sag so etwas nicht«, mahnte Bill. »Angeblich ist es ja ein Kinderspiel.«

»Es war ein bißchen zuviel, hab' ich recht?«

»Ein bißchen«, pflichtete er mir bei.

Die Fünfziger vergingen wie im Flug. Wahrscheinlich deshalb, weil wir versuchten, soviel hineinzupacken, wie wir nur irgendwie konnten. Wenn die Kinder und die Verpflichtungen das Haus verlassen haben, meint man eben, das Fehlende ersetzen zu müssen.

Das Haus war wie ein Kind, das behütet und versorgt werden wollte, das Aufsicht und Ziele brauchte. Ich träumte, daß, bevor ich starb, alle Lichter und Geräte im Haus funktionieren würden.

Wir ließen alle wissen, daß dies auf jeden Fall und unter allen Umständen unser letztes Haus war.

Das war gelogen.

»Für immer und ewig«

1985 kauften Bill und ich ein Paar Rosenpapageien, die im Volksmund auch Liebesvögel heißen. Mit ihrem grünen Gefieder, ihren pfirsichfarbenen Gesichtern und ihren schwarzen Augen, die einem überallhin folgten, waren sie einfach wunderschön anzuschauen.

Eines Tages entdeckte ich, daß das Weibchen mit ihrem Schnabel das Männchen ernsthaft am Kopf verletzt hatte. Wir trennten die beiden unverzüglich voneinander und pflegten das Männchen, bis es wieder gesund und munter war.

Alle außer mir waren schockiert. Man gibt einem Tier den Namen Liebesvogel und erwartet Wunder. Stellen Sie sich doch nur einmal vor, Ihnen wehte die ganze Zeit die alte Vogelfutterfahne entgegen. Glauben Sie, daß Ihnen dann noch groß nach Küssen zumute wäre? Zuerst sind es die Kleinigkeiten wie das Schaukeln, wenn der andere versucht zu schlafen. Dann geht's damit weiter, daß einer ständig die Wasserstelle okkupiert. Selbst Vögeln kann die traute Zweisamkeit zuviel werden. Sie können ihrem Namen nicht gerecht werden.

Das gleiche passiert auch Ehepaaren. Wenn zwei Menschen 36 Jahre verheiratet sind, müssen bestimmte Erwartungen einfach erfüllt werden. Kein Mensch verläßt einen Raum, wenn der andere hereinkommt. Wenn er es dennoch tut, kommt es darauf an, daß man es nicht persönlich nimmt. Es muß nicht bedeuten, daß man einander nicht mehr liebt, sondern vielmehr, daß man genügend Selbstvertrauen haben muß, um die eigene Unabhängigkeit zu leben.

Die Vorstellung, voneinander getrennt zu sein, war schrecklich für uns, denn in Wahrheit brauchen wir einander wie Fische das Wasser.

Mein Mann wäre heute nicht mehr am Leben, wenn ich ihm nicht beim Autofahren helfen würde. Er schuldet mir einiges. Seiner Meinung nach bin ich verkrampft und nervös, wenn ich mit ihm fahre. Er hat das, glaube ich, einmal so formuliert: »Ich komme mir vor, als säße ich neben einem Stierkämpfer, der an Verstopfung leidet.« Aber er fährt zu schnell, hält zuwenig Abstand und stellt sich nicht auf widrige Umstände ein.

Außerdem überholt er ständig. Ich fahre nicht gern mit Menschen, die überholen. Es ist eine schreckliche Angewohnheit. Ja, ja, ich weiß, manchmal fährt man Hunderte von Kilometern hinter einem Auto her, das mit 25 Kilometern pro Stunde vor einem herzockelt. Na und, kann ich da bloß sagen, warum muß man denn immer hetzen?

Und noch eine Sache an ihm macht mich ganz verrückt, und zwar die, daß er links abbiegt. Würde er nur ein ganz klein bißchen planen, dann könnte er um den Block fahren, um dann rechts abzubiegen, aber nein, er muß an der Kreuzung warten, bis alle entgegenkommenden Autos an der roten Ampel anhalten, damit er links abbiegen kann. Mir wäre so etwas einfach viel zu unsicher.

Außerdem habe ich zu meinem Entsetzen erkannt, daß ich Bill brauche, damit er meine Sätze zu Ende führt. Irgend jemand hat herausgefunden, daß ab dem 35. Lebensjahr beim durchschnittlichen Menschen Tag für Tag mindestens 100 000 Gehirnzellen absterben. Und das bedeutet schlichtweg, daß mit jedem Tag unser Licht weniger hell strahlt, daß der Fahrstuhl nicht mehr ganz so hoch fährt, daß das Wasser länger braucht, bis es kocht.

Bill konnte aus heiterem Himmel fragen: »Wie hieß doch noch der Butler von Fred McMurray in ›Meine drei Söhne‹?«

»Wenn du mich noch liebst, dann fragst du mich so etwas nicht«, antwortete ich.

»Hieß er nicht Bill Nochwas?«

»Wie wär's mit William Frawley?« gab ich zurück.

»Nein, das war der Butler in ... wie hieß doch gleich noch die Serie mit den drei Jugendlichen und dem Typen in Hardcastle und McCormick?«

»Nein, nein, der hatte einen Bart, und Frawley hatte eine Glatze und war –«

»In der Show von Lucille Ball. Wie hieß Ethel eigentlich in Wirklichkeit?«

»Vivian.«

»Blaine?« fragte er.

»Vance. War das die ursprüngliche Frage?«

»Hab' ich inzwischen vergessen.«

Wenn wir mit anderen zusammen waren, unterhielten wir uns mitunter wie zwei Staffelläufer. Die anderen wußten dann nach einer Weile nicht mehr, mit wem sie überhaupt sprachen.

Erma: Ich hab' neulich eine wirklich lustige Geschichte gehört. Dieser Mann ... er war mal unser Versicherungsmensch ... Ach, wie hieß er doch gleich? Ben ... aber wie weiter ... Nachname mit B.

Bill: Fred ... Fred Zwack.

Erma: Genau. Wenn er vor euch stünde, würdet ihr ihn alle wiedererkennen. Er sieht aus wie ein Schauspieler ... ihr wißt schon, Jim Arness in »Rauchende Colts« ... Sein Bruder ... der ist groß und blond –«

Bill: Peter Graves.

Erma: Richtig! Er hat ziemlich lange mitgespielt in

dieser einen Serie... wie hieß sie doch gleich noch... Mission: Unbelievable.

Bill: Impossible.

Erma: Genau. Also dieser Hund war in ... es war keine richtige Bar... ihr wißt schon, die Lichter blinkten und die Musik war laut –«

Bill: Disco.

Erma: Er war in einer Disco, und der Mann ging auf ihn zu und wollte ihm einen Drink spendieren. Irgend so ein komisches Mixgetränk.

Bill: Ist es denn wichtig, welches Getränk es war?

Erma: Ja.

Bill: War es ein California Slinger?

Erma: Bier! Es war Bier. Und der Hund sagte... Als mich alle mit großen, erwartungsvollen Augen anschauten, fuhr ich fort: Ich brauch' noch eine Minute. Im Moment fällt mir leider die Pointe nicht ein.

Als wir dieses Phänomen bemerkten, entschlossen wir uns, Gedächtnis und Verstand zu trainieren, indem wir beides testeten. Aus diesem Grund saßen wir jeden Nachmittag um halb fünf vor dem Fernseher und sahen uns die Sendung »Jeopardy« an, in der Kandidaten und Zuschauer nach verschiedenen Wissensgebieten befragt werden.

Es war ein Trauerspiel. Wir wußten die Antworten zu Fragen der Geschichte. (Warum auch nicht? Wir waren schließlich selbst Geschichte.) Aber bis wir sie endlich zu Papier gebracht hatten, war es meist schon Zeit für die Abendnachrichten.

Wir waren beide an einem Punkt angekommen, an dem wir den anderen betüttelten, egal, ob der es nun wollte oder nicht.

Obwohl ich mich für des Lesens kundig hielt, fühlte Bill sich jeden Morgen bemüßigt, mit einem Satz aus dem Bett zu springen, die Zeitung aufzuschlagen und mir laut daraus vorzulesen, als säße ich im Frühstücksfernsehen auf Barbara Bushs Schoß.

»Hör dir das an, Erma«, konnte er sagen, »eine vierjährige Hundedame kam nach einer langen Reise atemlos zu Hause in Minnesota an.«

»Ich lese es später«, verkündete ich.

»Nachdem sie dem Waldfeuer in der Nähe von Tower entkommen war, lief sie den ganzen Weg bis nach Duluth. Manche mögen es Instinkt nennen, andere vielleicht Macht der Liebe. Die lange Reise begann –«

»Verschon mich bitte«, zischte ich.

»Am Muttertag wütete das Feuer in der Nähe von Riesgrafs' Hütte.«

»Also jetzt reicht's mir!« schrie ich ganz laut. »Und wenn der Hund in einem Taxi nach Hause gekommen wäre, wär' mir das auch schnurzegal. Ich will nichts mehr hören!«

Wenn er mir nicht laut vorlas, schnitt er Artikel aus der Zeitung aus, die er entweder an meinen Spiegel oder an den Kühlschrank heftete.

Wir waren aus anderen Gründen verheiratet... Und dazu gehörte nicht zuletzt auch das Wissen um die Grenzen des anderen. Die kleinen dunklen Ecken unserer Stimmungen, Vorlieben und Abneigungen waren bekannt und sorgten nicht mehr für Überraschungen.

Wir hatten unsere Territorien abgesteckt. Bill hatte »seinen« Parkplatz in der Garage, saß am Eßtisch immer auf dem gleichen Stuhl, schlief immer auf derselben Seite des Bettes, egal, wo wir waren, und auch in der Kirche nahmen wir jeden Sonntag die gleichen Plätze ein.

Im Alter von 57 Jahren neigten wir dazu, hauptsächlich mit solchen Menschen Kontakt zu pflegen, die ebenfalls unseren Krieg durchgemacht hatten, die gleichen moralischen Maßstäbe ansetzten wie wir und zur gleichen Zeit wie wir müde wurden.

Die Vorstellung, die Uhr noch einmal zurückzudrehen, um die Zeit zurückzuholen, die uns einst so aufregend und begehrenswert erschienen war, scheiterte nun an der praktischen Durchführbarkeit.

Viele meiner Freundinnen gaben Geld aus für neue Nasen und schliefen des Nachts mit einem überraschten Gesichtsausdruck, weil der Chirurg die Haut straffer gespannt hatte als ein Rekrut sein Bettlaken.

Eines Tages sagte ich zu meiner Freundin: »Du, ich hab' mir diese Schönheitschirurgie noch einmal durch den Kopf gehen lassen, und wenn ich ehrlich sein soll, dann weiß ich nicht so recht, ob die Sache zu meinem Vorteil ist.«

»Wie kommst du denn darauf?« fragte sie.

»Tja, nehmen wir an, ich würde mich zu einem Gesichtslifting auf Abzahlung entschließen. Es würde mich ungefähr 4000 Dollar kosten, und die monatlichen Raten beliefen sich auf 92 Dollar. Dazu kommen die Raten für das Haus, das Auto und den Videorecorder. Wenn ich alles zusammenzähle, müßte ich mir so viel Sorgen machen, daß ich auch ja jeden Monat genügend Geld für alles habe, daß von dem vielen Stirnrunzeln meine Augenlider bald wie Bühnenvorhänge überhängen würden.«

»Ich verstehe«, gab sie zurück.

»Dann müßte ich mir also meine Augen für 2000 Dollar richten lassen. Die monatliche Rate dafür beliefe sich auf 72 Dollar.

Deshalb müßte ich von früh bis spät schuften ... und weil ich den ganzen Tag über meiner Schreibmaschine säße, würde meine Brust bald anfangen zu hängen, und über kurz oder lang würde jemand ein Implantat vorschlagen.«

»Ich kann mir schon denken, was jetzt kommt«, meinte sie.

»Genau. Meine Brust würde also 2700 Dollar kosten,

und meine monatlichen Raten beliefen sich auf 69 Dollar. Inzwischen hätte ich schon ein schlechtes Gewissen, mich auch nur fünf Minuten von meinem Schreibtisch zu entfernen. Zur Anregung der Stoffwechseltätigkeit müßte ich Gymnastik treiben. Ich hätte also 11700 Dollar an den Schönheitschirurgen zu bezahlen, und zwar in monatlichen Raten von 319 Dollar. Aber je mehr Sorgen ich mir mache, desto schneller kriege ich wieder Falten, und der Körper fühlt sich an wie ein Stein.«

»Wozu hast du dich also entschlossen?« fragte sie.

»Im Moment bleibt mir nichts anderes übrig, als meinen Kopf zwecks besserer Durchblutung über den Bettrand zu hängen. Aber wie gesagt, im Moment.«

Bill und ich näherten uns den 60 ... dem Alter unserer Großeltern also, Gott bewahre. Dem Alter, in dem man angeblich keinen Körper mehr hat, nur noch wenig Verstand besitzt und sich keine grünen Bananen mehr leisten kann.

Als ich eines Tages wieder an dem Käfig der Liebesvögel vorbeikam, bemerkte ich, daß das Männchen mit seinem Schnabel den Draht an der Tür aufgebogen hatte und entflohen war. Etwa in die Freiheit? Nicht wirklich. Er war zum Käfig des Weibchens hinübergeflogen, wo beide mit ihren Schnäbeln zärtlich durch die Gitter miteinander turtelten.

Der eine oder andere hätte es vielleicht Liebe genannt. Aber ich wußte, daß er nur bei ihr sein wollte, um ihr im Käfig laut aus der Zeitung vorzulesen.

Metamorphose

Während ich neben meiner Mutter in einem Raum des Beerdigungsinstituts saß, wurde ich das Gefühl nicht los, einem Theaterstück von Mike Nichols und Elaine May beizuwohnen. Du liebe Güte, warum mußte ich in einer solchen Situation bloß daran denken?

Elaine: Guten Tag, liebe Trauergäste, ich bin Ihr Klageweib.

Mike: (weinend) Ich weiß.

Elaine: Wir bieten ein erstklassiges Begräbnis an, das Sie sich für Ihren Onkel überlegen sollten.

Mike: Das klingt wunderbar. Wie sieht so ein erstklassiges Begräbnis aus?

Elaine: Zuerst einmal gehört dazu ein 10000-Dollar-Sarg, dazu kommen Orchideen frisch aus Hawaii und der Tabernakel-Chor der Mormonen. Aber wir bieten auch etwas Günstigeres an.

Mike: Und das wäre?

Elaine: Das wäre Perry Comos Ave Maria auf Schallplatte. Dann laden wir Ihren Onkel in einen Bus, der ihn weiß Gott wohin bringt.

Der Angestellte des Beerdigungsinstituts hinter dem Schreibtisch flüsterte meiner Mutter zu: »Nur noch ein paar letzte Fragen, Mrs. Harris, und dann haben wir's. Wollen Sie auf den geprägten Dankeskarten für Ihren Mann ein Kreuz oder eine Rose?«

Meine Mutter seufzte und wandte sich mit einem hilfesuchenden Blick an mich. Sie wirkte schrecklich zerbrechlich.

»Rose«, fauchte ich.

Es war gar nicht seine Schuld. Er war ein freundlicher Mann, der nur seine Arbeit tat. Schuld war ich. Zum ersten Mal in meinem Leben kam ich mir alt vor. Bisher war ich Mutter, Ehefrau und Tochter gewesen, aber noch nie Familienoberhaupt. Die Krone lastete schwer auf meinem Kopf.

Als zwei Tage später am Sarg meines Vaters die Gebete gesprochen wurden, hielt ich Mutter bei den Händen, die die meinen hunderttausendmal zum Sandkasten geführt hatten. Beim Hinausgehen stützte und führte ich sie, so wie sie mich gestützt und geführt hatte, als ich auf meinem ersten Paar Rollschuhe gestanden hatte. Ich ging etwas langsamer, um mich dem Schritt der Füße anzupassen, die mich den Berg hinauf zum Banbury Cross getragen hatten.

Die Metamorphose hatte eingesetzt.

Der Rollentausch zwischen einer Mutter und ihrem Kind hat viel mit der Ehe zu tun. Sie nimmt Einfluß auf die Art, wie man lebt, denkt, sowie auf die Art von Mensch, die man ist und in Zukunft sein wird. Manche Töchter nehmen diese neue Rolle mit Würde und Anmut an. Mich, die ich die Rolle haßte, mußte man dazu zwingen.

Ich hatte die Kraft meiner Mutter immer bewundert, vor allen Dingen während der dreijährigen Krankheit meines Vaters. Sie hatte Dinge geleistet, die sie selbst nie für möglich gehalten hätte. Plötzlich konnte sie im schlimmsten Berufsverkehr Auto fahren, den Sauerstofftank füllen und die Zufuhr richtig einstellen, die Fotokopiermaschine im Supermarkt bedienen, Rechnungen bezahlen und das Auto volltanken.

Doch nun war sie einfach müde und brauchte jemanden, der für sie sorgte. Fast alle meine Freunde kannten diese Situation.

Manche wurden ganz euphorisch angesichts der Aussicht, endlich weise zu werden. Die Mutter, die sie ständig dazu angehalten hatte, das Nudelkochwasser zum Stärken der Hemden ihrer Ehemänner zu verwenden, brauchten nun ihren Rat bezüglich der Geldanlage.

Manche fürchteten sich vor der zusätzlichen Verantwortung. Es kam ihnen vor, als würden sie ein 60jähriges Kind zur Welt bringen. Sie hatten einfach nicht die Kraft dazu.

Meine Reaktion überraschte selbst mich. Ich war wütend. Meiner Meinung nach war es noch nicht an der Zeit, daß meine Mutter ihr Leben mir übertrug. Ich war ein unschuldiges Kind, das seine Rolle noch lernen mußte. Für diese Art von Premiere war es noch viel zu früh. Ich wollte, daß sie weiterhin stark war. Sie sollte ihr eigenes Leben leben, so wie bisher auch. Ich wollte, daß sie ... Ich wollte, daß sie wieder 33 Jahre alt war.

Auf gar keinen Fall wollte ich, daß meine Mutter über 80 war. Der tieferliegende Grund dafür war, daß sie das einzige war, was mich noch von meiner eigenen Sterblichkeit trennte.

Ich hätte blind sein müssen, um die Parallelen zwischen unserer jetzigen Beziehung und der, als ich Kind war, nicht zu sehen.

»Warte, Mutter, dein Reißverschluß am Kleid ist nicht ganz zu.« (»Warte, warte, Fräulein, du bist ja ganz schmutzig im Gesicht.«)

»Du solltest früh zu Bett gehen, Mutter. Du mußt morgen in aller Frühe zum Zahnarzt.« (»Leg dich jetzt hin und schlaf! Du mußt morgen wieder in die Schule.«)

»Mir ist kalt. Soll ich dir auch eine Jacke holen?« (»Jetzt ist dir heiß, aber glaub' mir, du wirst eine Jacke brauchen.«)

»Wenn du nicht soviel bestellen würdest, müßtest du nicht so viel stehenlassen.« (»Ermas Augen waren wieder einmal größer als ihr Magen.«)

Irgendwann fuhren meine Cousine Dede und ich mit unseren Müttern nach Las Vegas. Wir winkten ein Taxi für sie herbei, schrieben sie im Hotel ein und verwahrten zur Sicherheit den Schlüssel, ermahnten sie, sich nicht zu verlaufen, und erklärten ihnen dreimal, wo wir uns wieder treffen wollten. (Es fehlte nur noch eine Antenne mit einer künstlichen Blume obenauf.) Wir zwangen sie, die Toilette aufzusuchen, auch wenn sie gar nicht mußten, und während sie drin waren, riefen wir ihnen zu: »Alles in Ordnung da drinnen?«

In diesem Moment sahen Dede und ich uns entgeistert an. Was ging hier vor? »Ich kann es nicht glauben«, sagte ich.

»Was sollen sie denn da drin schon machen?« fragte sie. »Spielen?«

Wir verhielten uns genauso, wie wir es von den beiden älteren Frauen gelernt hatten. Sie hatten die Pflicht gehabt, für uns zu sorgen, und nun hatten wir die Rollen getauscht.

Und ihre Reaktionen waren die gleichen wie unsere damals, als wir noch Kinder waren.

»Mutter, dieses Auto fährt nicht los, bevor du nicht angeschnallt bist.« (»Sie behandelt mich wie ein Kleinkind.«)

»Du kannst sitzen bleiben. Sag mir nur, was du willst.« (»Sie behandelt mich wie einen Invaliden.«)

»Es ist doch nicht möglich, daß du das Backofenspray für Sprühstärke gehalten hast.« (»Mein Gott, das hätte ich nicht sagen sollen. Jetzt sieht sie mich mit diesem Altersheimblick an.«)

Männer scheinen von diesem Rollentauschphänomen nicht betroffen. Bill war lediglich der Mittelsmann. Sowohl meine Mutter als auch ich luden auf ihn ab, und er, der weiseste Mann auf der ganzen Welt, meinte lediglich: »Du mußt eine Frau, die mit 80 einen neuen Anfang macht, einfach respektieren: Sie lernt, Forderungen zu stellen und sich zu behaupten.«

Man kann es nicht verstehen, bevor man es nicht selbst durchgemacht hat. Eines Tages fiel Mutter in der Garage von der Leiter. (»Ich hab' dir gesagt, du würdest herunterfallen, aber du wolltest ja nicht auf mich hören.«) Während sie auf dem Boden lag, schrie sie: »Bevor du den Krankenwagen rufst, sieh in meiner Handtasche nach, und stell fest, welche Versicherung das meiste bezahlt!«

In dem Moment, in dem ich ihr Adressbuch aufklappte, hatte ich mehr Respekt vor ihr als jemals zuvor. Ich blickte auf mehr Telefonnummern, die mit ihrer medizinischen Versorgung zu tun hatten, als in den Gelben Seiten aufgeführt waren.

»Die Verletzung macht mir gar nichts aus«, erklärte sie, »aber ich hasse die ganze Ausfüllerei der Formulare.«

Als ich sie ein paar Wochen später zum Mittagessen einladen wollte, wimmelte sie mich ab. »Ich hab' jetzt keine Zeit. Heute muß ich kopieren gehen.«

»Was soll denn das heißen?« wollte ich wissen.

»Das soll heißen, daß ich mit viel Kleingeld zum Supermarkt rübergehe, um meine Listen zu fotokopieren, damit ich die Fotokopien dann verschicken kann.«

»Weißt du eigentlich, was du tust?« fragte ich.

»Überhaupt nicht«, antwortete sie.

»Willst du damit sagen, daß du nicht mit mir zu Mittag essen kannst?«

»Du hast es erfaßt. Ich warte auf einen Anruf von der Krankenkasse, dann von der Rentenversicherung und dann noch einen von einer Zusatzversicherung. Die Krankenkasse bezahlt nur die Arztkosten, und die Zusatzversicherung bezahlt den Rest. Ach, und noch was, dein Vater hat einen Brief von der Einberufungsbehörde erhalten.«

»Na, und?«

»Ist denen noch nicht aufgegangen, wie alt er jetzt wäre?«

Ich glaubte, meinen Ohren nicht trauen zu können. »Aber, Mutter, er ist doch schon längst tot.«

»Das weiß ich ja, aber er kriegt trotzdem immer noch Post. Irgendein Kreditunternehmen hat ihm die goldene Kreditkarte angeboten. In dem Schreiben heißt es, daß seine finanziellen Verhältnisse sehr gut seien.«

»Das sind sie zweifellos.«

Als ich den Zorn darüber, daß meine Mutter nicht mehr 33 war, überwunden hatte, fanden wir irgendwann auch einen Weg, vernünftig miteinander umzugehen. Ganz langsam und nur mit Hilfe von Bill begann ich zu verstehen, was es für Großmütter bedeuten muß, ihre Stellung innerhalb der Familie aufzugeben.

In Amerika werden die Alten leider nicht sehr gut behandelt. In Europa hätte meine Mutter vielleicht in ein und demselben Haus mit ihrer Tochter oder ihrem Sohn gewohnt... Und zwar nicht als Untermieter oder als geduldeter Gast, sondern als Oberhaupt der Familie, geachtet und geehrt bis zu ihrem Tod. Und erst dann würde ihre Tochter oder Schwiegertochter zum Familienoberhaupt aufsteigen.

Bei uns müssen sich die Alten allein durchs Leben schlagen, und sie sind oftmals ihren Kindern auf Gedeih und Verderb ausgeliefert. Ich wollte nicht, daß es meiner Mutter ebenso ergeht. Sie ist eine freundliche, lebhafte, witzige alte Dame, die etwas Besseres verdient hat.

Unsere unterschiedlichen Vorlieben sprangen sofort ins Auge. Sie mochte Country & Western, ich schwärmte für Liza Minnelli. Sie mochte Seifenopern, ich Dokumentationen. Ich schrieb Bücher, sie benutzte sie als Untersetzer. Ich war ein introvertierter Mensch, sie probte ihre »Auftritte« 20 Minuten vor dem Badezimmerspiegel. Ich war fast eine Einsiedlerin, sie ging auch zur Eröffnung eines Aspirinröhrchens. Ich haßte Menschenmengen. Sie konnte sich sogar mit einer Wand unterhalten. Ich mochte Schokolade, sie Rhabarber.

Eines Tages im August teilte mir meine Mutter am Telefon mit, daß sie einen Knoten in der Brust ertastet hätte und deshalb eine Gewebsprobe entnommen werden müsse. Ich fuhr sie ins Krankenhaus und wartete dann bei ihr zu Hause auf sie.

Ich hatte das Haus noch nie vorher leer gesehen. Bisher war immer irgendwer in der Küche gewesen. In der Regel war immer der Fernseher gelaufen, und der Tisch war stets gedeckt gewesen.

Ich befand mich in einem Haus, in dem ich nie gewohnt hatte. Das Haus, in dem ich aufgewachsen war, hatte häßliche Löcher in den Schlafzimmerwänden und Klebeband an den Wänden gehabt, das noch von meinen Postern stammte, und ein Bett, das unter Kleidern und nassen Handtüchern begraben war.

Aber das hier, das war ihr Traumhaus. Sie und mein verstorbener Stiefvater hatten es von dem Geld gebaut, das sie durch ihre Arbeit in einer Fabrik in Ohio verdient hatten. Hier wollten sie sich zur Ruhe setzen und die Früchte ihrer lebenslangen Arbeit genießen.

Ich stieß die Badezimmertür auf. Auf den blitzenden Kacheln hätte man ohne weiteres operieren können. Die Seifen hatten sämtlich die Form von Herzen.

In der Küche lagen Notizblock und Bleistift neben ihrem schnurlosen Telefon, das ihr ihr Enkelsohn zu Weihnachten geschenkt hatte.

Ich rückte ein Bild im Gang zurecht; hier hingen die Fotos all ihrer Enkelkinder zu verschiedenen Zeiten, daneben ein Bild von Wayne Newton mit Autogramm sowie die eingerahmten Umschläge meiner Bücher. (Immer wenn jemand sie fragte, ob sie zufällig meine Mutter sei, antwortete sie lakonisch: »Jemand mußte es ja werden!«

Bevor ich die Türen zu diesem schweigenden Haus hinter mir schloß, um sie im Krankenhaus zu besuchen, mußte ich daran denken, wie oft wir schauen, ohne zu sehen, hören, ohne zu verstehen, leben, ohne zu fühlen. Wir halten unsere Beziehungen für etwas Selbstverständliches. Ein Haus ist nur ein Ort. Es lebt nicht aus sich selbst heraus. Um zu leben, braucht es menschliche Stimmen, Aktivität und Lachen. Um zu leben, brauchte es meine Mutter, die einem zu spät kommenden Gast das Foto einer Vorspeise unter die Nase hält und sagt: »Das ist die Vorspeise, die du verpaßt hast.«

Ich erkannte, wie selbstsüchtig ich gewesen war. Das sind die meisten Kinder. Ich hatte mein Leben lang versucht, meiner Mutter zu gefallen. Als ich sechs war, ging der Vorhang auf zwischen unserem Eß- und Wohnzimmer, damit ich tanzen und singen konnte: »On the Good Ship Lollipop«, woraufhin meine Mutter mir jedesmal applaudierte.

Als ich als erstes Kind der Familie meinen Schulabschluß feierte, applaudierte sie ebenfalls.

Bei meiner Hochzeit sorgte sie dafür, daß in der Küche alles reibungslos lief, und bei der Geburt der Kinder machte sie meinen Backofen sauber und taute den Kühlschrank ab. Sie winkte mir von der Tribüne zu, als ich die Rose-Bowl-Parade anführte, und hielt auf Video fest, wie ich den Menschen von Phoenix den Papst vorstellte. Sie hatte meine Erfolge mit mir gefeiert und mich getröstet, wenn ich versagt hatte.

Aber jetzt hatte mein größter Fan andere Verpflichtungen. Sie galten ihr selbst und hießen Überleben.

Ich war Teil dieses Überlebens. Was, wenn ihre Gesundheit es nicht mehr zuließ, daß sie ihren eigenen Haushalt führte, und wir unter einem Dach leben mußten? Und, Gott bewahre, in ein und derselben Küche hantieren mußten?

Wir hatten es schon einmal ausprobiert, und das Ergebnis war verheerend gewesen. Selbst ein kleiner sonntäglicher Besuch artete in eine größere Katastrophe aus.

Die Wahrheit ist schlicht und ergreifend, daß ich mit meiner Mutter nicht in einer Küche sein kann. Diese wunderbare Frau, die mir das Leben schenkte, die mich nährte, meine Träume und Geheimnisse mit mir teilte und mich in der Verzweiflung tröstete, läßt die Worte »Kann ich dir helfen?« in einem ganz neuen Licht erscheinen.

Frauen sind von Natur aus Wesen, die ein eigenes Reich brauchen. Schon früh im Leben legen wir die Grenzen fest, und wehe, sie werden übertreten. Für mich ist die Arbeit in der Küche wie Gebären. Es gibt Dinge, die man einfach selber machen muß. Aber es bleibt nicht aus, daß meine Mutter immer dann die Küche betritt, wenn ich bis über die Ohren im Streß stecke. »Hmmm, das sieht aber gut aus«, läßt sie sich vernehmen. »Niemand macht so guten Kartoffelsalat wie du, meine Liebe. Deine Geschirrtücher könnten eine Bleiche vertragen. Kann ich dir irgendwie helfen?«

»Nein, danke, ich hab' alles unter Kontrolle«, antworte ich vollkommen ruhig.

»Sollen diese Klumpen hier kochen?« fragt sie.

»Welche Klumpen?«

»Das ist schwer zu sagen. Sieht aus wie Soße.«

»Das sind Nudeln, Mutter.«

»Was ist denn das für ein Essen? Gibt's bei dir vielleicht nur noch Kohlenhydrate? Wieviel Stärke kann man denn mit einer Mahlzeit zu sich nehmen? Von mir hast du das aber nicht gelernt.«

»Mutter, warum richtest du nicht die Vorspeise her?«

»Wenn dir das hilft, gern. Wußtest du, daß deine Karotten länger frisch bleiben, wenn du das Grüne nicht abschneidest? Wie soll ich deine Tomaten schneiden?«

»Mutter, erstens sind es nicht ›meine‹ Tomaten, und zweitens schneidest du doch seit 50 Jahren Tomaten.«

»Als ich sie einmal geviertelt hab', warst du ungehalten, weil du sie in Scheiben haben wolltest.«

»Egal. Was machst du denn mit den Zwiebeln?«

»Ich schneide die Röhren ab. Die ißt doch sowieso kein Mensch.«

»Aber es sieht hübscher aus.«

»Aha, deshalb hast du wohl auch das Huhn aus dem Topf genommen und es auf einer Platte angerichtet. Wo ist Dill?«

»Fang bitte nicht schon wieder damit an. Der Dill steht irgendwo auf dem Gewürzregal.«

»Letztesmal habe ich die Gewürze alphabetisch geordnet, aber du hast sie inzwischen wieder vollkommen durcheinandergebracht. Tust du nicht ein klein bißchen Nelkenpfeffer an den Kartoffelsalat?«

»Ich hasse Nelkenpfeffer.«

»Davon hast du nie etwas gesagt, als du noch zu Hause gewohnt hast.«

»Du hast mich nie danach gefragt. Könntest du bitte die eingelegten Gurken in ein extra Schälchen tun? Sonst schmecken die Tomaten hinterher nach Gurken.«

»Meine Füße kleben am Boden fest, und du beklagst dich über ein bißchen Gurkensaft an den Tomaten.«

Man durfte uns nie mit Gegenständen, die als Waffen hätten benutzt werden können, zusammen allein lassen.

Im Wartezimmer des Krankenhauses las ich ein und dieselbe Seite in meinem Buch dreimal. Irgendwie würden wir wohl beide Kompromisse machen und uns an unsere neue Rolle gewöhnen müssen. Das hatten Mütter und Töchter seit Anbeginn aller Zeiten tun müssen. Wir würden es tun, weil wir uns liebten.

Der Arzt meiner Mutter kam auf mich zu und setzte sich neben mich. Dann sagte er das schönste aller Worte: »Gutartig.«

Ein paar Stunden später half ich meiner Mutter in ihren Morgenmantel und kniete nieder, um ihr die Hausschuhe für die Fahrt nach Hause anzuziehen.

»Du siehst aus, als ob du dir Sorgen gemacht hättest«, bemerkte sie.

»Sollte ich mir vielleicht keine Sorgen machen?« fragte ich.

Sie lächelte. »Ich kann noch nicht sterben, wo ich doch eben erst eine ganze Palette Toilettenpapier gekauft habe.«

Ich will Großmutter werden

Es wurde nur noch von biologischen Uhren gesprochen. Jede Woche wurde das Thema im Fernsehen durchgekaut wie ein Stück zähes Fleisch.

Es ging um künstliche Befruchtung, um Leihmütter und um gefrorenes Sperma.

Mir war das alles ziemlich egal. Ich wollte nur Großmutter werden und wandelte zwischen Verkalkung und Tod. Meine Aufmerksamkeitsspanne verringerte sich merklich, meine Geduld schrumpfte, und all die lustigen Kinderspiele und Lieder entfielen mir zusehends. Von den neuartigen Spielzeugen und den Kindersendungen im Fernsehen hatte ich überhaupt keine Ahnung.

Noch ein paar Jahre, und ich würde mein Enkelkind hochwerfen und vergessen, es aufzufangen.

Alle meine Freundinnen hatten Enkelkinder. Und ich? Ich war von meinen Altersgenossen genauso weit entfernt wie damals, als sie wie die Hasen Kinder kriegten und ich am Altar der Heiligen Jungfrau zur unmöglichen Empfängnis Kerzen anzündete.

Ich wollte nicht auf dem Thema herumreiten oder meine Kinder etwa unter Druck setzen. Ich rief nur jedes einzelne jeden Tag an, um eine Nachricht auf ihrem Anrufbeantworter zu hinterlassen. Sie lautete: »Warum bestrafst du deine Mutter?«

Ich verlangte doch gar keine großen Opfer. Sie sollten lediglich heiraten, an der Armutsgrenze leben, neun Monate mit Übelkeit kämpfen, einen dicken Bauch hinter ein Lenkrad zwängen und eine Weile auf das volle Gehalt verzichten, um mich mit einem kleinen Knuddelpaket zu erfreuen, mit dem ich im Sandkasten spielen und dem ich kleine Geschenke für eine gemeinsame Reise kaufen konnte.

Ich sah mich gern in der Rolle der lieben Oma. Es gab so vieles, was ich ihnen beibringen konnte, aber die Zeit wurde knapp. Ich wollte meinem Enkelsohn beibringen, wie man beim Poker am besten blufft. Und meine Enkelin wollte ich mit ins Einkaufszentrum nehmen, sie wie eine Tänzerin in einem Saloon anziehen, damit wir uns zusammen fotografieren lassen konnten.

Ich wollte, daß man im Supermarkt zu mir sagt: »Ihre Kleine ist aber besonders hübsch!«, damit ich großspurig abwinken und protestieren konnte: »Aber biiiitte, ich bin die Großmutter.«

Wahrscheinlich war ich auf Rache aus.

Es ist nun mal so, daß die eigenen Kinder all das, was man mit ihnen durchgemacht hat, erst dann zu schätzen wissen, wenn sie mit drei scharlachkranken Kindern zu Hause festsitzen – zu Weihnachten, wenn die Waschmaschine nicht funktioniert und der Mann ebenfalls nicht.

Sie müssen die Freude am eigenen Leib erfahren, die aufkommt, wenn die Kinder ihre Kaugummis in die Hände spucken, wenn man drei kleine Gesichter mit einem kleinen Taschentuch und Spucke abwischen muß oder wenn die Sprößlinge das Scheckbuch der Eltern in der Schule vorführen, um diesen Beruf wirklich richtig schätzen zu können.

Aber ich habe mich tatsächlich nach den kleinen zarten Wesen gesehnt, deren Atem nach Milch riecht und deren kleine Köpfchen immer ein wenig nach Babypuder duften. Ich wünschte mir, daß sich kleine Finger um die meinen schlossen, damit ich das Gefühl haben konnte,

gebraucht zu werden, und daß mir die kleinen Augen neugierig folgten, wenn ich das Zimmer betrat.

Ich hatte den Punkt überschritten, bis zu dem ich nur davon geredet hatte; ich fing an, von einem Leben als Großmutter Bombeck zu träumen.

Der Traum hatte immer den gleichen Anfang. Mein Sohn stieß die Tür auf, schleppte ein Spielzeugpferd herein und rief: »Mutter! Bist du da? Wir hätten ja zuerst angerufen, aber wir waren schon spät dran und haben den Babysitter, den wir sonst immer haben, nicht erreichen können. Und wir wußten, daß es dir nichts ausmachen würde, wenn Christopher über Nacht bei dir bleibt.«

»Das Schaukelpferd hättest du aber nicht mitbringen müssen, mein Lieber«, antwortete ich lächelnd. »Du hast doch schon die Ranch dagelassen, und essen tun wir auch von dem Raumschiff, das in der Küche steht.«

»Er will das Schaukelpferd aber haben, Mutter. Faß bitte in meine Tasche. Siehst du die Liste? Er hat eine leichte Erkältung. Gib ihm dreimal täglich einen Löffel voll von diesem roten Zeug und eine von den weißen Pillen vor dem Schlafengehen. Der Luftbefeuchter ist in der Tasche und auch alle Telefonnummern für den Notfall. Er muß die Pillen nach dem Essen nehmen, und er spuckt dir den Sirup ins Gesicht, aber füttere ihn einfach so lang damit, bis etwas drinbleibt.«

Als er wieder geht, kommt sein Bruder mit seinen beiden Kindern im Schlepptau, namens Klebefinger und Terminator II, die Auffahrt herauf. Es dauert keine 30 Sekunden, bis sie die Badezimmertür ausgehängt, die Toilette mit einem Schuh verstopft, für ihren Hamster, der auf dem Küchentisch sitzt, Mehlwürmer in den Kühlschrank gelegt, den Kamin mit Kreide beschmiert, die Terrasse unter Wasser gesetzt und mich zu einer Wette auf ein Pony überredet haben.

Kurz darauf schaut meine Enkelin im Teenageralter

vorbei, um uns mitzuteilen, daß sie bei uns einziehen will, weil sie bei uns mehr Freiheit hat. Außerdem ist sie der Meinung, daß mein Auto nicht genügend bewegt würde, wofür sie aber in Zukunft sorgen wolle. Ihre Mutter ist damit einverstanden, wenn ich es bin. Sie stellt mir ihren Freund vor, der einen Ohrring trägt und auf dessen Lieferwagen alle möglichen schmutzigen Ausdrücke kleben.

Das Baby fällt vom Schaukelpferd. Klebefinger will wissen, ob er den Wachsapfel behalten kann, von dem er ohnehin schon abgebissen hat, und Terminator II hat die Umrisse seiner Hand auf die Wand hinter dem Sofa gezeichnet.

Sie marschieren in Richtung Klavier, wo sie sich niederlassen und hunderttausendmal auf die gleichen Tasten einhämmern. Ich drohe ihnen, ihren Hund zu erwürgen. Das Baby wischt sich seine Nase mit dem neuen Bettüberzug ab.

Ich verspreche ihnen allen eine Geschichte vorzulesen, aber sie wollen auf dem Fußboden sitzen und Poker spielen. Sie schummeln allesamt.

Als die Enkelin im Teenageralter, bevor sie wieder geht, ein Ferngespräch führt, das 65 Minuten dauert, versuche ich vom Boden aufzustehen, und in diesem Moment meint einer der Kleinen: »Großmutter, du solltest unbedingt ein paar Pfund abnehmen.«

Als ich erkläre, daß es Zeit sei für ein Mittagsschläfchen, decken sie mich zu und drehen den Fernseher auf volle Lautstärke. Nach diesen Träumen erwache ich immer schweißgebadet. Was soll denn das? So ist das Großelterndasein ganz bestimmt nicht. Großeltern sind hochqualifizierte Berater. Sie kritisieren, wenn jemand etwas nicht richtig macht, ersetzen nasse Windeln durch trockene und Krisen durch Vergnügen. Großmütter verfolgen drei Hauptziele: Sie müssen dafür sorgen, daß die

Bilder im Portemonnaie immer die neuesten sind, immer das kaufen, was ihre Enkelkinder gerade verkaufen, und unpraktische Geschenke machen, die die Eltern ihnen verboten haben.

In Wirklichkeit aber wird das erste Kind, das mir einen Säugling in die Arme legt, der nach meinem Finger grabscht, sich den Fuß in den Mund schiebt und mich anlächelt, wenn ich sage: »Hallo, ich bin deine Omi« einfach alles bekommen.

Mit 60 fangen die Probleme erst an

Keiner von uns beiden hatte beim Abendessen viel geredet. Das wenige, was gesprochen wurde, bezog sich auf allgemeine Beobachtungen wie zum Beispiel: »Hab ich dir schon gesagt, daß Mutter eine Steuerrückzahlung bekommt?« oder »Unsere Nachbarn werden aber auch immer komischer, findest du nicht?«

Nach dem Essen stand ich vom Tisch auf, ging ins Bad und schloß die Tür ab. Ganz langsam, wie eine zögerliche Stripperin, knöpfte ich meine Bluse auf und zog meinen Büstenhalter aus. Eine ganze Minute lang starrte ich in dem großen Spiegel auf meine Brüste. Morgen um die Mittagszeit würde ich keine linke Brust mehr haben. Ich hatte Krebs, und die Ärzte hatten zu einer Brustamputation geraten.

Was war bloß los mit mir? Zwei Brüste waren doch um Himmels willen nichts, was ich in meinen Lebenslauf schreiben mußte. Es war doch schließlich nur eine Brust... ein Teil meines Körpers mit einem speziellen Namen. Nichts weiter. Und ich benahm mich wie eine Mutter, die ihren Siebenjährigen verabschiedet, der zum erstenmal ins Ferienlager geht.

Wer verbreitete den Mythos, daß Brüste etwas mit der weiblichen Sexualität zu tun hätten? War es die Stimme, die vor ungefähr einer Woche im Fernsehen gesagt hatte: »Bei uns erfahren Sie, wie Sie nach einer Brustamputation wieder eine ganze Frau werden. Bei uns um 10 Uhr.«

Eine ganze Frau? Waren wir das etwa nicht? Waren

wir statt dessen Geräte, die mit einer lebenslangen Garantie ausgestattet waren? Waren wir weniger wert, wenn ein Teil nicht mehr funktionierte?

Sorgten die Männer dafür, daß dieser Mythos weiterlebte, indem sie flachbrüstige Mädchen nie zum Tanz aufforderten? Oder waren die Frauen selbst dafür verantwortlich, indem sie durch Ausstopfen das nachzuholen versuchten, was sie von der Natur nicht mitbekommen hatten?

Wenn ich ehrlich war, dann mußte ich zugeben, daß meine Eitelkeit lediglich dafür sorgte, daß meine Gedanken von dem eigentlichen Problem abgelenkt wurden. Ich hatte einen steinigen Weg vor mir und wußte nicht, was mich am Ende des Weges erwartete.

Eine ernste Krankheit ist eine Schreckensvision in jeder Ehe. Die Wahrscheinlichkeit, daß ein Ehepaar gesund zusammen alt wird und auch noch gleichzeitig stirbt, ist ungefähr so groß wie sechs Richtige im Lotto. Das Leben ist ein Tanz, den man zusammen beenden will. Und jetzt war ich diejenige, die zuerst stolperte. Es hätte gerade anders herum sein sollen, denn Frauen sind in der Regel die, die hegen und pflegen. Die Statistiken der Versicherungen wiegen uns zumindest in dem Glauben, daß wir Pflege und Liebe geben würden.

Es ist schwierig für ein Paar, sich solchen Veränderungen anzupassen, wenn man sich immer damit gebrüstet hat, das eigene Leben im Griff zu haben. Lange Zeit hatten wir unsere jeweiligen Rollen gespielt. Jetzt verteilte der Direktor ein neues Drehbuch zu einem Stück, in dem wir neue Rollen mit unbekanntem Text spielen sollten. Ich brachte kaum Erfahrung für meine neue Rolle mit. Vor vier Jahren hatte ich ein Buch geschrieben über Kinder, die den Krebs überlebt hatten. Es trug den Titel »Guten Morgen, lieber Tag!« Zwei Jahre lang war ich Gast gewesen in ihren zerbrechlichen Welten, wenn ich sie im Zeltlager besuchte, sie interviewte, mit ihren Eltern, Ärzten und Freunden sprach, ihre Gedichte und ihre Tagebücher las. Ich schrieb unablässig mit, wenn sie sprachen. Ich nickte und lächelte und gab vor zu verstehen, aber ich verstand gar nichts. Ich hatte nicht die leiseste Ahnung, woher sie ihre Kraft nahmen und wie sie damit fertig wurden, daß sie ihrer Kindheit beraubt wurden.

Ich war Gast in ihrer Welt der weißen Wände, der sorgenvollen Gesichter, der Medikamente und Spritzen. Am Abend kehrte ich zurück in mein sicheres, normales Heim, wo meine größte Sorge darin bestand, ob ich die Lasagne vielleicht zu sehr gesalzen hatte.

Ich versuchte verzweifelt, mir ihre Stimmen ins Gedächtnis zurückzurufen, versuchte mich zu erinnern, wie und womit sie das alles durchgestanden hatten. Natürlich mit Glauben und Vertrauen. Mit ein wenig Zorn. Und etwas Resignation. Aber das Wort, das ich am häufigsten gehört hatte, lautete »Humor«. Diese Kinder waren durch Krankenhausgänge gelaufen, hatten sich die Perücken von ihren kahlen Schädeln gezogen und gefragt: »Sehen Sie, was passiert, wenn man seinen Spinat nicht aufißt?« Sie hatten ihre Prothesen auf den Rücksitz im Auto gelegt, um die Diebe glauben zu machen, daß das Auto bewacht wurde. Und ein kleiner Junge teilte seine Medikamente mit einer Pflanze, woraufhin er den zweiten Preis in einem wissenschaftlichen Wettbewerb gewann.

Sie erklärten, daß das Lachen ihnen ein Gefühl der Normalität und der Hoffnung vermittle und die Dinge im richtigen Verhältnis erscheinen ließe. Genauso waren Bill und ich in der Vergangenheit mit unseren Mißgeschicken umgegangen. Und auf keinen Fall wollten wir den Teufel an die Wand malen.

Die Operation verlief gut. Die Lymphknoten waren

noch nicht befallen. Ich hatte Glück. Als ich wieder in meinem Zimmer war, kam der Arzt herein und fragte mich, wie ich mich fühlte. Mein Hals war rauh, mein Kopf drohte zu zerspringen, und mein Körper war vollkommen taub. »Ich fühle mich so, als wäre ich unter einen riesigen Laster gekommen«, antwortete ich.

Er setzte sich neben mich. Dann wollte er wissen, ob ich mir den Schnitt schon angesehen hatte.

»Sind Sie verrückt?«

»Ich möchte, daß Sie sich ihn jetzt ansehen«, befahl er mit sanfter Stimme. »Sie werden nicht nach Hause gehen und allein unter der Dusche weinen. Wir wollen ihn uns zusammen ansehen.«

Während er den Verband abwickelte, stellte ich fest, daß ich gar nicht auf die Wunde schaute. Ich schaute ihn an, weil ich sehen wollte, wie er reagierte, was natürlich völlig blödsinnig war, denn schließlich war er Arzt und an solche Dinge gewöhnt. Er war nicht mein Mann. Langsam wanderte mein Blick auf meine Brust und die schwarzen Stiche auf der linken Seite. Meine Brust sah aus wie die Straßenkarte von Kansas, auf der nur eine einzige große Straße eingezeichnet ist.

»Ich möchte, daß Sie nach Hause gehen und es Ihrem Mann zeigen.«

Drei Tage lang dachte ich darüber nach, aber ich tat es nicht. Ich redete mir ein, daß ich Bill den Schmerz und den Schock ersparen wollte, aber tief im Innern hatte ich Angst vor dem Ausdruck von Mitleid und Ekel auf seinem Gesicht.

Die Stimmen der kranken Kinder kamen mir wieder in den Sinn. Diesmal mußte ich an die Worte des jungen Ted Kennedy denken, der ein Bein verloren hatte. »Man bringt uns bei, daß wir vollkommen aussehen müssen«, sagte er. »Ich habe mich gefragt, wer wohl mit einem einbeinigen Jungen ausgehen will?« Ich erinnerte mich, wie ich diesen gutaussehenden jungen Mann angesehen und im stillen gedacht habe: »Der spinnt.«

Als ich endlich den Mut aufbrachte, meinem Mann das Ergebnis der Operation zu zeigen, redete ich pausenlos auf ihn ein. »Wenn die Fäden erst einmal gezogen sind und die Schwellung zurückgegangen ist und die Verfärbung sich etwas gelegt hat, dann wird es viel besser aussehen. Und wenn ich etwas Gymnastik betreibe, geht dieser zusätzliche Hautlappen auch zurück...«

Man hätte meinen können, ich wollte ihm einen Gebrauchtwagen andrehen.

Ich achtete sorgfältig auf jede Regung in seinem Gesicht und sah nichts als Liebe.

An dieser Stelle sind die Filme, die sich mit diesem Thema beschäftigen, in der Regel zu Ende. Nur die Namen der Mitwirkenden rollen noch über die Leinwand, und die Zuschauer verlassen mit einem Lächeln auf den Lippen das Kino.

Die Reden über meine Tapferkeit wurden allmählich weniger. Die vorgekochten Speisen waren aufgegessen. Die Blumen verwelkten. Und langsam, aber sicher entwickelte ich mich zum Busenfetischisten. Bei jeder Sendung im Fernsehen sah ich in erster Linie auf die Busen. Ich quälte mich mit Zeitschriften für Bademoden. Und Madonnas Sprengkopfbüstenhalter gingen mir ebenfalls nicht mehr aus dem Sinn.

Meine Tage am Strand waren ein für allemal vorbei. Nie mehr sollte ich ausgelassen im Sand herumtollen. Ich war erschöpft von den Schmerzen, und immer wenn meine Finger keine Brust ertasteten, wurde ich noch kränker. Wem versuchte ich etwas vorzumachen? Ich benahm mich ja gerade, als hätte man mir eine Warze entfernt. Aber hier ging es um Leben und Tod. Ich konnte nie wieder in die Umkleidekabine im Bekleidungsgeschäft Loehmann gehen.

Als ich meinem Arzt von diesen Gedanken erzählte, sagte er: »Das klingt ja ganz so, als seien Sie reif für die ›Ich lebe‹-Rede.« Obwohl er die Rede bestimmt schon an die tausendmal gehalten hatte, war ich beeindruckt. Er hatte recht. Langsam fand ich wieder in die Wirklichkeit zurück. Als ich sein Sprechzimmer verließ, gab mir die Sprechstundenhilfe einen Umschlag und sagte: »Das ist keine richtige Prothese, aber bis Sie eine bekommen, können Sie die hier in den BH stecken. Damit werden Sie sich nicht ganz so einseitig fühlen.«

Als ich auf dem Nachhauseweg im Auto den Umschlag öffnete, fiel ein kleiner Wattebausch heraus. »Du lieber Gott!« rief ich. »Unter meinem Bett liegen ja dickere Staubbällchen als das da.«

Ich war jedoch nicht die einzige, die in dieser Situation etwas Aufmunterung und Fröhlichkeit brauchte.

Eine meiner Leserinnen schrieb: »Hallo, Erma, wenn das Leben Ihnen nur saure Zitronen bietet, sollten Sie Ihren BH damit ausstopfen.«

Eine Freundin erzählte mir, wie sie ihre Prothese in einer Schreibtischschublade wiederfand, eine andere, wie sie sich im Supermarkt gebückt hatte, um eine Tüte hochzunehmen, und ihre Prothese dabei herausfiel.

Ich war bereits drei Monate wieder zu Hause, als Bill mit einem akuten Blinddarm ins Krankenhaus eingeliefert wurde. Jetzt war er an der Reihe, mir seine Narbe zu zeigen, und es fiel ihm ebenso schwer wie mir.

In jenem Sommer haben wir viel über Narben nachgedacht – seelische und körperliche. Irgendwann einmal waren sie uns als Verunstaltung eines ansonsten vollkommenen Körpers erschienen. Jetzt waren sie Umleitungen auf einer Straße, die die Gesundheit mit der Krankheit verband. Sie waren keine Schandmale mehr, sondern vielmehr Abzeichen für Mut und Überlebenswillen.

Wir hätten uns mit unseren Krankheiten gern noch etwas bemitleidet, aber im August erhielten wir eine Einladung zur Hochzeit unseres Sohnes.

»Ich hoffe, wir schaffen's bis dahin, ohne daß uns noch etwas ab- oder herausgenommen wird«, meinte Bill und lächelte mir zu.

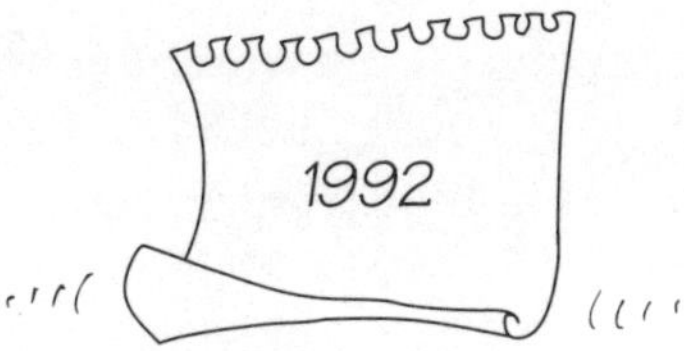

Die Hochzeit

Als wir auf dem Weg zur Hochzeit unseres Sohnes auf dem Flughafen nebeneinander saßen, dachte ich plötzlich, daß man uns, wären wir eine Ware gewesen, mit Sicherheit im Preis herabgesetzt hätte. Ich war mit einer neuen Konstruktion ausgestattet, die meine Prothese festhalten sollte. Es handelte sich dabei um ein Stück Klettband auf meiner Haut. An der haftenden Seite klebte eine künstliche Brust, was einen Büstenhalter überflüssig machte.

Bill trug einen Trainingsanzug in der Art, wie ihn Arbeiter über ihrer Kleidung tragen, wenn sie Büros putzen oder Müllautos beladen oder sich unter Autohauben zu schaffen machen.

Es war das einzige Kleidungsstück, das er ertrug, weil es nicht auf seine noch frische Wunde von der Blinddarmoperation drückte.

»Ich hab' wirklich keine Ahnung, wie ich für die Hochzeit in meinen Smoking kommen soll«, meinte er.

»Was soll das heißen?« fragte ich barsch.

»Das soll heißen, daß ich meine Hose nur unter Schmerzen zukriege.«

»Du wirst doch nicht allen Ernstes den jungen Leuten die Show stehlen wollen, indem du dich halb nackt unter die Hochzeitsgäste begibst!« mahnte ich. »Die Kinder haben sich soviel Mühe gegeben und viel Geld ausgegeben, damit es eine schöne Hochzeit wird.«

Als er nicht antwortete, fuhr ich fort: »Schieb einfach

deinen Kummerbund weiter nach unten, und knöpf das Jackett zu.«

Jetzt wurden die Passagiere aufgerufen, die Hilfe beim Einsteigen brauchten oder mit kleinen Kindern reisten. Plötzlich spürte ich es. Die Prothese hatte sich vom Klettband gelöst und rutschte in Richtung Taille. Ich verschränkte die Arme und beugte mich vor.

»Ist alles in Ordnung?« fragte Bill.

»Stell bitte meine große Tasche auf meinen Schoß!« befahl ich.

»Wozu denn?«

»Weil ich gleich schneller als Houdini einen Zaubertrick vollführen werde.« Ich schob meine Hand unter meine Bluse, packte die Gummibrust und ließ sie in meine Tasche gleiten. Das ganze Kunststück dauerte höchstens fünf Sekunden.

Der Rest der Reise verlief ohne Zwischenfälle. Als wir in Los Angeles landeten, wurde Bill nacheinander von drei Reisenden nach ihrem Gepäckband gefragt. Sie hielten ihn allesamt für einen Bediensteten der Fluggesellschaft America West.

Unser Sohn lächelte nervös, während er einen kurzen Blick auf seinen Bruder und Trauzeugen warf, der neben ihm stand. Mit seiner Hochzeit hatte er zum ersten Mal in seinem Leben etwas getan, um mich glücklich zu machen.

Als Mutter des Bräutigams gelobte ich, beige zu tragen und meinen Mund zu halten. Doch kein Mensch glaubte mir.

Der Ort war wunderbar gewählt – ein großer Raum in einem Restaurant mit Blick auf den Pazifik. Während wir auf die Ankunft der Braut warteten, beobachtete ich die Wellen, die mit gewaltiger Wucht und Aufregung gegen das Ufer rollten, nur um dann in weißem Schaum zu verenden. Aber sie ließen sich davon nicht von ihrem Tun abhalten.

Die Übung hatte viel Ähnlichkeit mit einer Ehe. Seit Jahrhunderten reichten sich Paare in einem Anfall von Leidenschaft die Hände, um voller Optimismus zu geloben, bis an ihr Lebensende unmögliche Dinge füreinander zu vollbringen.

Oft hat es den Anschein, als unterscheide sich ein Tag nicht vom anderen und ein Jahr nicht vom vorangegangenen, aber jedesmal rollen die Wellen heran und bringen neues Leben. Sie verändern den Strand und spülen ein Stück davon ins Meer hinaus.

In unserer Ehe war es mit Sicherheit so gewesen.

Bill und ich hatten 43 Jahre Ebbe und Flut hinter uns. Bei seltenen Gelegenheiten hatten wir einen Tag am Strand verbracht – einen sonnigen, ruhigen, friedlichen Tag. Aber oftmals waren es stürmische und windige Tage gewesen, die uns aufgewühlt zurückließen.

Manchmal waren wir sogar mit unglaublicher Wucht ans Ufer geschleudert worden. Und dann wieder mußten wir mit Gewalt in unsere Familie zurückgezerrt werden.

Die Braut schritt durch den Mittelgang zum Altar.

Jedes Paar, das heiratet, ist der Meinung, daß seine Hochzeit anders sei. Diese Ehe wurde zuerst von einem Rabbi und dann von einem Priester vollzogen. Das war anders.

Der Klang der biologischen Uhren, die in den über 30jährigen tickten und die Orchesterklänge übertönte, war anders.

Der Hochzeitsschmaus bestand aus einem Salat, der mit Rosenblättern garniert war, und einer mit Kuppelhaube bedeckten Platte, unter der ein kleines blasses Hühnchen lag, das aussah wie Rosemarys Baby. Das war anders.

Während ich mir die Hochzeitsgeschenke ansah,

konnte ich nicht umhin, mich zu fragen, ob wir glücklicher geworden wären, wenn wir von Anfang an eine Cappuccinomaschine gehabt hätten. Wenn ich mit Zweiundzwanzig nicht plötzlich Torschlußpanik bekommen hätte, hätte ich vielleicht jemanden wie meinen Sohn kennengelernt, der seiner zukünftigen Frau am Valentinstag an einem mondbeschienenen Strand in Hawaii einen Heiratsantrag gemacht hatte und mit ihr nach Venedig auf Hochzeitsreise ging.

Noch bevor wir's uns versahen, war alles auch schon vorbei. Eben hatten wir noch getanzt, gelacht und uns zum Fotografieren aufgestellt, und dann blickten wir schon einer langen weißen Limousine nach, die mit dem jungen Brautpaar auf dem Rücksitz auf dem gewundenen Pfad entschwand. Es gelang mir, noch einen Blick auf die beiden zu erhaschen, ich hörte die vielen Rufe, die ihnen folgten, aber es war zu spät, um ihnen zuzuwinken.

Als wir uns später im Hotel zum Schlafengehen zurechtmachten, fühlte sich mein Körper an wie ein Stück Blei. Bill hatte eben die Nachttischlampe ausgemacht, als das Telefon klingelte. »Das ist für dich«, sagte er lächelnd.

Am Apparat waren tatsächlich unser Sohn und unsere neue Schwiegertochter. »Wir haben keine Gelegenheit mehr gehabt, uns richtig zu verabschieden«, erklärten sie gemeinsam.

Ich konnte es kaum glauben. Zwei junge, gesunde, schöne Menschen auf Hochzeitsreise beim Champagner RUFEN IHRE MUTTER AN! Ich schrie geradezu ins Telefon: »Werdet glücklich miteinander!«

Ich war tief gerührt. Wir hatten einen wunderschönen Tag verbracht.

Zwei Menschen hatten ein gemeinsames Leben begonnen, in dem jeder Tag voller Überraschungen und Herausforderungen sein würde. Das einzige, dessen sie sich sicher sein konnten, war, daß ihre Ehe einzigartig sein würde. Keine andere würde so sein wie die ihre.

Während Bills vertraute Schnarchgeräusche durch die Stille an mein Ohr drangen, lag ich in der Dunkelheit wach und fragte mich, ob meine Schwiegertochter genau wie ich damals vor 43 Jahren eine Liste gemacht hatte, auf der die Dinge standen, die sie verändern wollte.

Alles Gute! Ich konnte schon von Glück sagen, wenn ich alle zehn Jahre einen neuen Teppich bekam. Nicht nur, daß keine der schlechten Eigenschaften abtrainiert worden war, es waren noch andere hinzugekommen.

Das Sparen wurde für Bill immer mehr zum Wahn. Erst vor wenigen Wochen fand ich ihn auf allen vieren in der Garage, wo er mit einem Rechen die Zeitung hereinholte. Das hatte er vorher noch nie getan.

»Was machst du denn da?« fragte ich.

»Bleib stehen!« schrie er mich an. »Wenn du weitergehst, kommst du an die Lichtschranke.«

»Machst du dieses Theater etwa deswegen?«

»Das Licht brennt ganze 15 Minuten«, empörte er sich. »Und man muß doch nicht mit Gewalt Strom vergeuden.«

Auch Weihnachtsfeste waren nach wie vor eine äußerst kritische Situation. Ich schuftete zwölf Stunden lang in der Küche, um ein Essen vorzubereiten, das in zwölf Minuten hinuntergeschlungen werden würde, und versuchte dann, alle an den Tisch zu bekommen, solange das Essen noch heiß war. Seit mehr als 40 Jahren war Bill noch jedesmal, wenn wir gerade unsere Gabeln zum Mund führten, aufgesprungen und hatte gerufen: »Bitte alle stillhalten, bis ich ein Bild gemacht habe.« Wenn er dann endlich den Fotoapparat gefunden, den Film eingelegt und die Batterien ausgetauscht hatte, war unser Essen natürlich eiskalt.

Er konnte mich immer noch fuchsteufelswild ma-

chen, wenn er sich auf einer Reise in 4000 Meter Höhe plötzlich zu mir umdrehte und fragte: »Hast du die Kaffeemaschine ausgeschaltet?«

Als ich mein Kissen aufschüttelte, fiel ein Lichtstrahl auf die glänzende Zigarrenbinde, die ich anstelle eines Eherings am Finger trug. Sie sagte sehr viel über unsere Ehe aus. Sie sagte, daß uns die Tradition recht wenig bedeutete. Viel wichtiger war unsere Ehe, die wir so lebten, wie wir es für richtig hielten. Und auch wenn wir nicht wissen, was die Zukunft bringt, wissen wir doch, was hinter uns liegt.

Es gibt keine Gebrauchsanweisungen für die Ehe. Vielleicht ist das ganz gut so. Wenn es sie gäbe, würde höchstwahrscheinlich niemand heiraten. Genausogut könnte man ein Buch lesen, in dem geschrieben steht, wie Kinder zur Welt kommen. Es gibt keine Garantie, daß die Ehe auch funktioniert, wenn man sie nach Hause gebracht hat. Sie kann nicht umgetauscht oder in eine Gutschrift umgewandelt werden. Sie verfügt auch nicht über lebenslange Batterien. Die Ehe ist ein höchst risikoreiches Unterfangen.

Wir möchten gern glauben, daß wir es schwerer haben aufgrund der Zeit, in der wir leben. Aber jede Ehe mußte zu jeder Zeit mit den gleichen Veränderungen fertigwerden. Nur die Bezeichnungen ändern sich.

Jede Ehe schreibt ihr eigenes Buch. Ich fragte mich, welche Art von Buch die Ehe, die heute geschlossen worden war, wohl schreiben würde. Würden Geheimnisse die Seiten dieses Buches füllen? Oder Leidenschaft? Science fiction? Intrigen? Humor? Würde es ein langweiliges Buch werden? Oder warmherzig und lustig? Würde es von einer unbeschreiblichen Aufregung erfüllt sein? Oder würde es gar ein Klassiker werden, der noch von den kommenden Generationen gelesen wird? Würde es ein schmales Buch werden oder ein dickes?

In diesem Moment regte sich Bill neben mir in der Dunkelheit, und ich hörte ihn murmeln: »Erma? Bist du wach?«

»Ja.«

»Ich hab' grade überlegt ... Hab' ich dir in Phoenix die Autoschlüssel gegeben?«

»Ich kann mich nicht erinnern.«

»Ich weiß, daß ich sie aufs Dach legte, als ich das Gepäck aus dem Kofferraum genommen habe, aber ich erinnere mich nicht, daß ich sie wieder an mich genommen hätte. Macht nichts, mach dir keine Gedanken. Schlaf weiter.«

In der Dunkelheit durchwühlte ich zuerst meine Handtasche, dann zerrte ich das Gepäck aus dem Schrank und durchsuchte es, und zuletzt warf ich die Wäsche aus den Schubladen mitten auf mein Bett. Als ich in den Taschen mit unseren Kleidern kramte, fand ich die Autoschlüssel in der Tasche seines blauen Trainingsanzugs.

»Bill!« verkündete ich, während ich ihn rüttelte. »Ich hab' deine Autoschlüssel gefunden.«

Er schnarchte einfach weiter.

Zu gern hätte ich dieses Buch mit einem weisen Spruch über das Gelingen einer Ehe beendet, aber ich habe nicht die leiseste Ahnung, was man da schreibt.